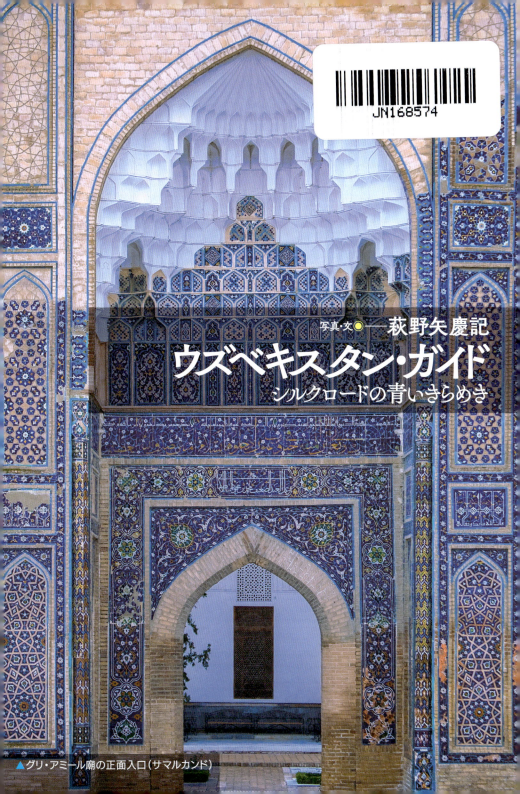

写真・文──萩野矢慶記

ウズベキスタン・ガイド
シルクロードの青いきらめき

▲グリ・アミール廟の正面入口（サマルカンド）

▲グリ・アミール廟のドーム内部の黄金の装飾（サマルカンド）

ウズベキスタン・ガイド●目次

中央アジアのシルクロード オアシスルートを行く —— 8

第1章●ウズベキスタンの興亡史 —— 13

- アレクサンダー大王の東方遠征でヘレニズム文化が興る —— 14
- クシャン王朝がもたらした仏教と芸術文化 —— 15
- シルクロード 東西交易で活躍したソグド人 —— 16
- アラブの侵入でイスラム化した中央アジア —— 18
- チンギス・ハーンの凄まじい侵攻と破滅 —— 20
- ティムール帝国の台頭で首都サマルカンドが復興 —— 21
- シルクロードのバザール —— 22

アラル海
ウスチュルト台地
カラカルパクスタン共和国 ▶74
○ヌクス ▶79
キジルクム砂漠
カザフスタン
詳細地図 ▶109
キルギス
○ウルゲンチ ▶72
○ヒヴァ ▶60
ウズベキスタン
26 ○タシケント
121 ○ナマンガン
118 ○コーカンド
110 ○フェルガナ
○ギュジュドゥバン ▶93
ブハラ ▶80
サマルカンド ▶36
○ペンジケント ▶124
カラクム砂漠
チャルジェウ○
シャフリサブス○ ▶54
タジキスタン
○ドゥシャンベ
○アシガバット
トルクメニスタン
パミール高原
○テルメズ ▶94
詳細地図 ▶95
イラン
アフガニスタン
ヒンドゥー・クシュ山脈
バーミヤーン○
○カブール
パキスタン

第2章 ● ウズベキスタン全土を巡る旅 ガイド ─ 25

- タシケント ▶ 中央アジアの中心都市 ─ 26
- サマルカンド ▶ ソグド人が開いたオアシス都市は「青の都」に ─ 36
- シャフリサブス ▶ 緑の町はアミール・ティムールの故郷 ─ 54
- ヒヴァ ▶ 古代ホラズム王国は、いま歴史博物館都市に ─ 60
- ウルゲンチ ▶ ヒヴァやカラカルパクスタンへの中継都市 ─ 72
- カラカルパクスタン共和国 ▶ 古代ホラズム王国の遺跡群が注目を集める ─ 74
- ブハラ ▶ 中世の聖都が世界遺産群でよみがえる ─ 80
- テルメズ ▶ バクトリア帝国の鉄門の町はアフガニスタンの国境地帯 ─ 94
- フェルガナ盆地 ▶ 豊かな農耕地帯で栄える ─ 106
- ペンジケント(タジキスタン) ▶ ソグド人の古代都市 ─ 124

第3章 ● ウズベキスタンの生活と基本情報 ─ 127

- ウズベキスタン人の生活「マハッラ」─ 128
- ウズベキスタンの音楽と踊り ─ 129
- ウズベキスタンの料理 ─ 130
- ウズベキスタンの日本語教育 ─ 132
- ウズベキスタンの伝統工芸 じゅうたん・スザニ・アトラス ─ 133
- ウズベキスタンの伝統工芸 操り人形と陶人形 ─ 135
- ウズベキスタン 未来を制する天然資源 ─ 136
- ウズベキスタンの基本情報 ─ 137
  - 国名・歴史・独立・国土・面積・国旗・国章・
  - 首都・人口・気候・時差・民族・言語・宗教・
  - 政治・軍事・外交・教育・経済・産業・通貨・
  - 祝祭日・民族衣装・宿泊・電気と電圧・治安
- ウズベキスタンへの行き方 ─ 140
  - ビザ取得　空路でウズベキスタンへ
  - ウズベキスタンの国内線　ウズベキスタンの鉄道
  - タシケントの地下鉄　タクシーで移動　バスの移動　両替
- ウズベキスタン歴史年表 ─ 142
- あとがき・参考文献 ─ 143

◀ アヤズ・カラの砂漠と城塞

▲アブドゥールアジス・ハーン・マドラサ内で伝統刺繍装飾品の壁飾りや馬衣、首飾りなどを売る店（ブハラ）

中央アジアのシルクロード
オアシスルートを行く

　中国の漢の時代に、西方ではローマ帝国が隆盛を極めていた。この二大文明圏を結ぶ広大なユーラシア大陸の中の交易路が「シルクロード」である。

　初めてシルクロードという名を使った人がドイツの地理学者で探検家のリヒトホーフェン（1833〜1905年）であった。中国の重要な産物である絹(シルク)を西方に輸出するために、西域を通るオアシスルートを指してこの言葉を使った。オアシスルートとは、オアシスとオアシスを結ぶ道である。シルクロードは自然現象の変化や、政治情勢の移り変わりにより、何本もの交易路が生まれ、それが複雑に絡み合っている。

　当時ローマの貴族や王族などの上流階級は固い麻や重い毛織物を着用していたが、シルクは光沢が美しく、軽くて肌ざわりがよいことから競って手に入れようとした。それは金と同じくらいの価値がある宝であった。中国の漢にとっても、シルクは重要な財源である。中国はシルクの発祥地であり、それは紀元前2000年頃といわれる。紀元前2200年〜1700年前の仰韶(ぎょうしょう)期の遺跡からマユガラが発見されている。

　今日ではシルクロードの概念は拡大し、北方の草原地帯の交易路や海上交易路の海のシルクロードも加わっている。つまり、絹の道であるシルクロードのルートを大別すると三道ある。最も古いのが遊牧民スキタイ族の活動地域を通る「ステップルート」である。紀元前5世紀末のギリシャ人歴史家ヘロドトスの『歴史』に「ステップルート」の記述がある。南のルートは15世紀末からの新航路発見で「海洋ルート」と呼ばれ、帆船により中国からマレー半島を回って、スリランカやデカン半島（現在のインド）、ペルシャ湾、紅海に入る。そして三つ目の中央ルートが「オアシスルート」と呼ばれ中央アジアやイランなどを通る最も名高いルートである。

　中国の西方地域を西域と呼び、19世紀後半にトルキスタンという言葉が現れた。東トルキスタンと西トルキスタンに分けられ、一般的には東トルキスタンは中国の新疆ウイグル自治区を指し、西トルキスタンはウズベキスタンやタジク、カザフ、キルギス、トルクメンの一部の中央アジア5共和国の地域を表わす。東西のトルキスタンの中にはところどころにオアシスがあり、これを結ぶ道が史上最も多く利用されたシルクロードの道である。

　炎熱の流砂を歩き、苛酷な高嶺を越えるシルクロードの移動は一人では不可能である。ここに隊商（キャラバン隊）が始まる。隊商はオアシスからオアシスへとたどらなくてはならない。砂漠の中に散布されたオアシスに順次進んでいくのだ。こうして生まれたのが「線」と「点」の世界で、線と点の発達をもたらした中継交易こそがシルクロードである。

▼現在のシルクロード（ヒヴァ〜ブハラ間）

　中国の都・長安を出発したキャラバン隊の最初の到着地は蘭州である。そこから次々とオアシス都市を経て敦煌に入る。ここまで約1ヵ月の旅程である。タリム盆地は目の前で、北は天山山脈、南が崑崙山脈、その中央部がタクラマカン砂漠におおわれる。途中西域南道と北道に分れるが、どちらの道を通ってもタクラマカン砂漠を迂回して、カシュガルで再び合流する。ここからいよいよ世界の屋根のパミール越えになる。

　パミール高原は標高3000mを超え、周囲の山嶺は標高7〜8000m級が連なる雄大な高竣地帯だ。こうした難所を切り抜けたキャラバン隊はテレク峠を越えフェルガナ盆地にたどり着く。さらに州都のジザクを経由してサマルカンドとブハラに至る。ここまで来ればメソポタミアまでは容易に行程を進められる。こうして地中海沿岸まで達すると、船に乗って、最後の目的地であるローマ帝国におもむくことができる。

彼らがキャラバン隊として大集団で活躍したのは、苛酷な自然だけが敵ではなく、砂漠や山中に出没する追剥（おいはぎ）や強盗から身を守るためだ。隊商はだいたいラクダ300頭くらいで、220頭くらいに商品を積み、残りの80頭くらいに水や食料、テント、日用品を背負わせる。こうしてキャラバン隊は、オアシスを中継点として水や食糧を補給し、休息して鋭気を養いながら東西を往来した。

　この道を通ったのはシルクだけではない。文化も戦争もこの道を頼ったのである。特に文化面では、文明のかけ橋としてキャラバン隊によって東西各地に伝えられ、文化の向上や促進の影響を与えていた。シルクロードが最も注目を集めてきたのがこの点である。また、宗教面でも、ゾロアスター教やキリスト教、仏教、イスラム教などを伝道し、各オアシスの文化に大きな影響を与えた。シルクロードは通商の道であり、文化や宗教の変容の道でもあった。

　現在、各地に見られる遺跡は歴史の名残であり、華麗に開花した文化を垣間見る反面、戦争によるはかない姿も偲ぶことができる。

　さぁ、青いきらめきのウズベキスタンへ旅に出よう！

▲キョフナ・アルクのクリヌッシュ・ハーン王座の間（ヒヴァ）

▲ヒヴァで最も高く美しいイスラム・ホジャ・ミナレットの先端部

第1章 ウズベキスタンの興亡史

▲ウズベキスタン工芸博物館の青いタイルに覆われた大広間（タシケント）

アレクサンダー大王の東方遠征でヘレニズム文化が興る

　ウズベキスタン興亡史の中で最初に登場したのがアレクサンダー大王（紀元前356～323）である。20歳でマケドニアの王に即位し、大王の東方遠征は、ペルシャから中央アジア、北インドに至るまでを手中にして広範囲な大帝国を形成した。大王は征服地の要所に70ヵ所ほどのアレクサンドリアという都市を建設した。大部分は隊商路の交差点であるオアシス都市であるが、重要な土地では、守備隊の駐屯地に過ぎなかった場所がギリシャ系の植民によって、ギリシャ風なよそおいをもつ城塞都市に成長した。アレクサンダー大王がもたらした「ヘレニズム都市」である。

　サマルカンドの繁栄ぶりはギリシャにも伝わっていて、紀元前329年にアレクサンダー大王は東方遠征の途中にサマルカンドに侵攻し、部下の将軍にこの地の統治をさせたことから、サマルカンドにヘレニズム文化が開花した。さらに、アフガニスタンとの国境沿いにあるテルメズではテルメズが存在する以前に、この地から西約30kmにアレクサンダー大王によって築かれた都市があった。「カンプィル・テパ」と呼ばれ、アムダリヤ（川）にかかる「渡し場」を取り仕切ることから発展した税関的機能を担った都市遺跡である。ここにも、土着の文化を受容しながら、ギリシャ文化を取り入れたヘレニズム文化が開花していた。

▲カンプィル・テパ出土の戦士像浮彫（1～2世紀）ウズベキスタン芸術学研究所蔵

クシャン王朝がもたらした仏教と芸術文化

ウズベキスタン南部のアムダリヤ流域を中心にしたバクトリアに興った文化は、土着の遊牧騎馬民族文化とギリシャ・ローマ文明との融合であったが、さらに南のインド文明の文化と宗教がこの地で出会うクロスルートに発展した。紀元前1世紀後半ごろ、パミール以西のオアシス地帯で勢力を強めるイラン系の遊牧騎馬民族に居常（クーチャン）というクシャン族がいて、史上初の遊牧民による国家を建設した。クシャン朝はバクトリアからパルティア（アフガニスタン）、ガンダーラ、カシミール、インド北西部を領有してクシャン王朝の礎を固め、新たにインド文化を含めた一大文化圏を築いたのである。

2世紀中ごろ、クシャン朝は3代目「カニシカ王」が最盛期を迎えた。バクトリアが政治と文化の中心地となって、ギリシャ・ローマ帝国、中国、インド文明とをつなぐシルクロードの要衝として栄えた。とりわけ文化と宗教の面で、インド仏教とギリシャ文化が結合したガンダーラ美術の出現が、後の中国や日本に及ぼす影響は計り知れないほど大きい。

クシャン朝最盛期に君臨した「カニシカ王」は熱心な仏教の保護者であった。仏教を信奉し多くの寺院を建て、それを布教し、その保護活動に努めた。こうして仏教はバ

▼テルメズのファヤズ・テパ仏教寺院遺跡の中央部から出土のブッダ像（1～2世紀）ティムール博物館蔵

クトリアのテルメズから中国に伝来し、さらに朝鮮半島を経て日本に渡来した。仏教という宗教のみならず、美術、建築、生活などさまざまな文化がシルクロードを通ってアジアの諸民族に影響を及ぼしたのである。

シルクロードの東西交易で活躍したソグド人

ソグド人と言えばシルクロードの東西交易で活躍したイラン系の人々である。中央アジアのアムダリヤとシムダリヤ(ダリヤとは川の意)に挟まれたソグディアナ地方に住み、ゾロアスター教を信仰していた。

ソグド人(中国人の呼名は胡人)は「商胡(シルクロードの商人)」と呼ばれるほど商才には天性のものがあった。唐代の『唐会要』という文献に「胡人は生まれた子どもの口に石蜜(氷砂糖)をふくませ、手には膠を握らせ、つまり「甘い言葉を吐いて商売をし、銭を手から離さない」という願いが記述されている。

彼らはシルクロードの公用語であるソグド語を使い、商売上手で、収益を争い、男子は20歳になると商売のために国外に出たという。インドの途中で立ち寄った玄奘もソグド人のことを「風俗は軽薄で、すぐに人をだます。しかも親子とも強欲で金儲けには目がない。財産の多いものを貴となし、金持ちでも衣食は質素である」と評している。

彼らは行く先々に交易植民地を造り、それを発展させ、また襲撃されそうな騎馬遊牧民には通行税や保護税を支払って身の安全を確保していた。交易ではキャラバン隊を組み、じゅうたんやガラス、香料、楽器などを満載して中国の長安まで運んでいた。その後ソグド人の活動圏は中国の範囲のみならず、西トルキスタンから遠くローマや地中海沿岸、アラビア海、東南アジアまで進出していった。

ソグド人の都市であるサマルカンドは大きな発展を遂げていたが、712年にクタイバ将軍率いるアラブ軍の組織的な侵入で征服されてしまった。それまでの公用語であったソグド語やソグド文字がアラビア語に変わり、ゾロアスター教もイスラム教に取って代わり、イスラム文化が開花した。それでもサマルカンドはシルクロードの十字路として繁栄を続けていたが、1220年に前代未聞の大破壊に遭遇した。チンギス・ハーン率いるモンゴル軍の襲来で、町は跡形もなく徹底的に破壊されたのである。

サマルカンドでは「チンギス・ハーンが破壊し、ティムールは建設した」と言われているが、チンギス・ハーンによる破壊で廃墟化したサマルカンドの町は、当時「マラカンダ」と呼ばれる都市名であった。町は現在のサマ

ルカンドに隣接する丘陵にあり、古代の英雄の名を取ってアフラシャブの丘と呼ばれていた。広大な219k㎡もあるアフラシャブの廃墟の丘から、1965年に始まった調査で宮殿や住宅地区、工房、ゾロアスター教神殿址などが発掘され、巨大な住居址の大広間からラピスラズリ(青金石を主成分とした鉱物)を用いて描いた鮮やかな壁画が発見された。ソグド人を中心に北方の突厥(とっけつ)(遊牧国家)、中国など国際的な文化交流を描いた極めて貴重な壁画である。7世紀後半にマラカンダを支配したワルフマン王の即位を祝うために贈物を運ぶ表敬使節団を描いたと見られ、ソグド人、突厥人、中国人など広い民族的な交流が存在していたことを表わしている。

サマルカンドから東へ60km離れたペンジケントの古代都市遺跡(タジキスタン)も、シルクロードの交易で大活躍したソグド人が5世紀～6世紀初めに建設し、ソグド人の王が君臨していた。しかし、8世紀前半にアラブが侵攻し、王とソグド人は都城を捨てどこかに立ち去り廃墟と化した。遺跡の調査は1948年に始まり、次々に都市の様相が分かってくると「中央アジアのポンペイ」と呼ばれるようになった。ゾロアスター教の神殿跡やイラン系住民の神話を基にした壁画などが発見されているが、最も価値の高いのが壁画であるといわれる。

アラブの侵攻によってソグディアナ地方は輝かしいイスラム文化が開花したが、代わりにソグド人文化は凋落してしまったのである。ソグド人が信仰していたゾロアスター教とは紀元前6世紀にイラン人のゾロアスターが説いた宗教である。世界には対立する二つの霊があると考えた。一方は光である善

▲ソグド人の壁画「天蓋下の宴の場面」(5～8世紀)。ルダーキ記念・歴史博物館蔵(ペンジケント)

と生であり、対立するのが闇である悪と死である。光は純粋、真理、正義、幸福で、闇は不純、虚偽、不正、不幸である。前者の光と後者の闇は大軍を率いて激しく戦うが、やがて、「最後の審判」で光の勝利をもって終わる。つまりこの世は光によって満たされるという教義である。ゾロアスター教は、いっさい神像を持たず、聖火の祭壇を設け唯一火のみを崇拝したため、拝火教と呼ばれている。しかし、ペンジケント古代都市遺跡の神殿にはいくつもの神像が祀られ、壁画には仏陀やヒンズーの神々が描かれ、アフラシャブの丘から出土した壁画にも守護人やヒンズーの神などが見られる。マラカンダではマニ教もソグド人に受け入れられるなど、ソグド人のゾロアスター宗教信仰は正統性に欠いていた。それは、オアシス独自の政治性に基づいたものであり、ソグド人が東西交易で多くの異なる民族を受け入れ国際性に富んでいたからである。ゾロアスター教である拝火教はソグド人によって長安に伝えられた後に日本にも伝わったといわれる。日本各地で行われる「火祭り」がそれを物語るというのだ。

アラブの侵入でイスラム化した中央アジア

ササン朝ペルシャ軍を征服したアラブ軍は、705年にクタイバ・イブン・ムスリム将軍による中央アジア遠征を始めた。707年にブハラを攻略し、712年にホラズムに遠征した後にサマルカンドを支配下に収めた。さらにシルダリヤ川流域地帯に遠征を続けたが、715年にクタイバ将軍はフェルガナで部下によって殺害され、彼の遠征は終止符を打った。アラブのために中央アジアを征服した将軍の死はあっけない終末であったが、この10年間はこの地方にとってイスラム化を決定づける重要な意味を持つ期間であった。

クタイバ将軍はイスラム化を積極的に推し進めた人物で、イスラム教を根づかせるために、ブハラやサマルカンドなどにイスラム寺院を次々と建設した。アラブの守備兵や行政官を民家に同居させ、市民がイスラム教の戒律を守るかどうか見張った。金曜日には市民をイスラム寺院に集めペルシャ語のコーランを読ませて改宗をうながした。イスラム教への改宗者は税制面で優遇され、反改宗者には人頭税を課した。こうしてゾロアスター教、マニ教、キリスト教、仏教は排除されていったが、それでも反改宗者のソグド人はトルコ族に助けられアラブへの抵抗を続けた。しかし、ヒシャーム時代(在位724〜743年)になっ

てアサド・イブン・アブドゥッラーなどが率いるアラブ軍の遠征によって鎮圧された。こうして、この地方のアラブ支配によるイスラム化が決定的となった。

イスラム教徒になることは、信仰生活が変わるだけではなく日常生活もこれまでとはすこぶる違うことになる。具体的には「アッラー以外に神は存在せず、ムハンマドがアッラーの使徒である」ことを信じ、アッラーの言葉を写した『コーラン』を神聖なものと認め、アッラーによる最後の審判と来世の存在を信じることであった。それを源として「1日5度の礼拝、ラマダン月の断食、救貧税の支払い、メッカへの巡礼目標、異教徒に対する聖戦への実行」を、すべてイスラム法の規定に従って行うことになる。

今日の中央アジアは、イスラム教が完全に根づき、アラブ侵入時代に強制的に広められたとは誰も想像がしにくい。住民が好んでイスラム教を受け入れたか、それとも強制的に押しつけられたかは、歴史の経過で全く関係がなくなっている今日である。

▼コーラン(イスラム経典)と見学に訪れたウズベク人の教徒たち。ティムール博物館蔵

チンギス・ハーンの凄まじい侵攻と破滅

北モンゴリア遊牧民の貴族を父に持つチンギス・ハーンは、幼少から豊かな牧草地を持てば生活が安定することを教えられて成長した。チンギス・ハーンのその貪欲さはすさまじく、領土を獲得するために騎兵団を動かす戦略は天性的なものであった。またチンギス・ハーンが通過した後はどの町も荒涼とした残骸しか残されていなかった。

チンギス・ハーンが率いるモンゴル騎兵団は、1220年2月に数十万の人口を擁するブハラに侵攻し、2万人の守備兵に抵抗されたが、わずか数日間で落城した。4月にはほかの騎兵団も集結させて、人口数十万のサマルカンドに総攻撃を開始した。城内は宮殿や寺院、住宅街、花園、果樹園、バザールなどを備えた美しい街で、城外には灌漑溝が縦横に通り、肥沃な農耕地が広がっていた。チンギス・ハーンはこの城外を2日間にわたり用意周到に見て回り、ち密な作戦を練って攻撃に出た。城内に4万人いた守備兵は反撃することもできず、戦意を失い落城した。こうして中央アジア最大の都市サマルカンドは、わずか6日間で攻略され、住民の4分の3が殺され、街も城壁もすべて破壊され裸の町になった。

サマルカンド市民はこの廃墟の隣に城壁のない新たなサマルカンドの町を建設したが、それは150年も後のティムールの時代になってからである。モンゴル軍の破壊力はそれほど手の施しようがないほど凄まじいものであったと察することができる。この廃墟こそ

▲チンギス・ハーンに破壊され、現在もそのまま残るアフラシャブの丘。

がアフラシャブの丘で、遺跡は4層になった古代都市址として1958年から発掘調査が始まっている。

1224年に北モンゴリアに引き上げたチンギス・ハーンは1225年末に寧夏、甘粛の西夏に遠征した時、1227年の夏に甘粛の山中で狩猟中に落馬し、1227年8月18日に70歳近くで死亡した。東は中国から西はロシアまで史上最大のモンゴル帝国を築いた不出世の大征服者が成功したのは、騎兵団である遊牧民勢力と騎馬戦術が頂点に達していた時だったといわれる。

ティムール帝国の台頭で首都サマルカンドが復興

　14世紀後半になって中央アジアにティムールが歴史の舞台に姿を現した。彼による大帝国の建設は中央アジア史上で類のない出来事であった。それまで歴史的に苦しみながら生き抜いてきたオアシスの住民たちは、そこから脱却してティムール帝国の広大な支配民族に変わったのである。その中心になったのが首都サマルカンドとその一帯で、世界の富と文化が集められ、未曽有の繁栄がもたらされた。

　ティムールは1336年サマルカンド南部のホジャ・イリガルという村でモンゴル族として生まれ、ケシュ（現在のシャフリサブス）とその近隣地帯の支配者になっていた。これが彼の政治舞台への第一歩である。1363年にはイラン東部での戦いで負傷し、日々苦難の道を歩むことになったが、部下たちは彼を見捨てることはなく追随し、軍隊はますます強化された。そして、1370年に最強の敵軍アミール・フセインを打破し最高の実力者として認められた。以後ティムールは1405年まで次々と遠征を繰り返し、大戦果をあげて広大なティムール帝国を建設した。ティムールの遠征はチンギス・ハーンに勝るとも劣らぬ破壊の連続で、そこにはモスクも祈りも声もない廃墟同然の姿であったといわれる。しかし、彼の遠征は破壊活動だけが目的ではなかった。出先で運河や灌漑設備の建設作業を行い、無抵抗の都市では、住民から生命保証金を取って破壊を見逃していたという。

　こうしたティムールが、最も力を注いだのが首都サマルカンドを中心とした建設である。彼はサマルカンドを帝国の中心にしたいと、遠征先から連行した腕利きの建築家や職人、一流の芸術家などを結集して大規模な建造物を建設させ、華やかにイスラム文化を開花させたのである。旅人が「青の都」と憧れるサマルカンドは再建され、今も健在である。

▼ティムール侵攻時の戦い。ティムール博物館蔵

◀市民で混みあう中世のバザール
ウズベキスタン歴史博物館蔵

シルクロードのバザール

　砂漠のなかのオアシスは、中心となる市街地と周辺の農村地帯からなる。そこは自給自足ができる生活圏であるが、商品や生産物に余剰が生じたり、また不足が起きることがある。このため他のオアシスと交易するための交易路が形成された。

　オアシスの中央部には神殿や寺院、それにバザールがあって市街地として整っていた。バザールは周辺の農村から持ち込まれた穀物や果実類の農産物を活発に売買するところである。また、市街の職人たちが腕を競って作り上げた日用品や織物、楽器などの手工業品が売られるなど、バザールは商業と産業の中心地であった。神殿や寺院は住民の精神的な場であり、そこに人々が集まることから、バザールは神殿や寺院に隣接して設けられていた。

　16世紀になるとバザールは、街中の交差点などの上に建てられた丸屋根の付いた屋内市場になった。内部は小規模の店がぎっしりと並び、隊商などもこの商店街を通り抜けなければ目的地に行けない。ブハラにはこの丸屋根付きの市場が5か所あった。こうした市場を「タキ」といい、「タキ・ザルガロン」（宝石商市場）と「タキ・チェルパク・フルシャン」（帽子市場）、「タキ・サラファン」（両替商市場）の3か所が特に大きく、ほかに規模の小さい「タキ・アッロフィ」（粉市場）と「タキ・ティルガロン」（矢市場）があった。このなかで東門と西門から通じる「タキ・サラファン」（両替商市場）が最も賑やかでブハラの中心的存在であった。おそらく中央アジア全般にわたって隊商商人たちが取引したバザールはこのような特殊な屋根の下で行われていたであろう。

　19世紀末になると専門的な店の概念が崩れ、香辛料や肉、野菜、織物、工芸品など市場の名前と異なる商品が売られるようになった。ブハラでは当時の面影をそのまま残した「タキ」が伝統工芸品やスーベニアを中心に現在も営業している。

▲カルタ・ミナルと商店街(ヒヴァ)

▲ティラカリ・マドラサ内の黄金にきらめく壁装飾（サマルカンド）

第2章 ● ウズベキスタン全土を巡る旅ガイド

タシケント
TASHKENT
中央アジアの中心都市

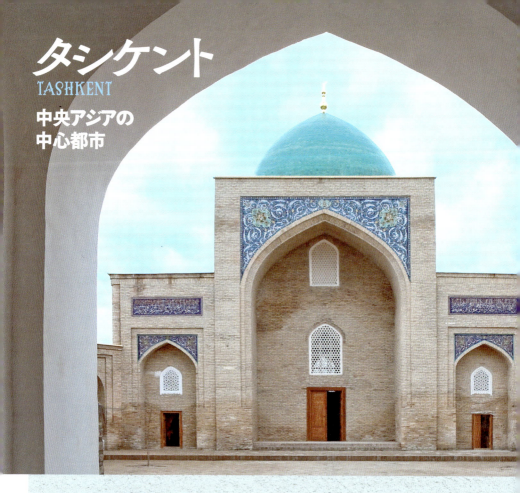

　タシケントは世界で最も古い都市の一つで、シルダリヤ川支流のチルチク川沿いのオアシスとして栄えた。タシケントという名前の由来は中国の文献に「赭時国（しゃしこく）」と記されていて、9～10世紀ごろ「シャシケント」つまりシャシの都市が、タシュ「石」ケント「都市」に変化したのではないかといわれる。タシケントと呼ばれるようになったのは11世紀以降である。

　当時のタシケントは、城内、砦、外城、居住地区に分けられ、城内は信仰施設や手工業、居住地、バザールなどで埋め尽くされていた。13世紀のモンゴル襲来で砦や城壁、居住地区などは破壊されたが、壊滅的な被害ではなかった。15世紀後半のティムール帝国では、町は再び活況を呈し、寺院やマドラサ（神学校）などが建設され、16世紀前半では学術や文化、宗教などとの隆盛を極め、それに関わる多くの建物が造られた。その後タシケントとブハラのハーン（国家）との間に紛争が起きたが、それでもタシケントは人口が増え続け、手工業も商業も繁栄を続けていった。19世紀になるとコーカンド・ハーンに征服されてしまうが、19世紀

ウズベキスタンの首都であるタシケントは人口約220万人、明るく開放的で整然と造られた近代的な大都市である。約65％がウズベク人で13.5％がロシア人、その他カザフ、キルギス、トルクメン、タタール、タジク、モンゴル、アラブなど、旧ソ連が包含していたすべての人種を併せもっている。市中はアカシアの街路樹で埋まり、表通りは大きな舗装道路で、歩道は夜遅くまで大勢の人たちで賑わう。広場には必ず噴水があり、周辺に花壇が配されている。砂漠の国家であることから、水が最も大切で公園には水路が必ず造られている。独立広場には、かつて高さ約30mもある巨大なウラジーミル・レーニン像が建っていたが1992年に撤去され、ウズベキスタンの位置を表わした地球儀の像に代っている。アミール・ティムール広場には馬に乗ったティムールの像が建ち、庭園と噴水の憩いの場になっている。タシケントには中央アジアでカザフスタンのアルマトイとここだけに地下鉄が走っている。

1966年に大地震に見舞われ、町の大半は瓦礫の山と化し、シルクロード時代の遺跡はほとんど姿を消した。このため市中でシルクロードの面影を見つけることは難しいが、中央アジア最大の都市だけあって、多くの観光施設がある。日本に関連するのは第二次世界大戦の際、シベリア抑留により日本の軍人が多数連行され建物の礎を築いたとされるナボイ劇場や抑留日本人墓地がある。また、国立美術館や国立歴史博物館ではウズベキスタン各地で出土した仏像や壁画、ゾロアスター教美術品など優れた展示品を見ることができる。

後半に劇的な変化を遂げた。ロシアの中央アジアへの進出で、タシケントはロシアとの交易で栄えた経済都市になった。その後、中央アジアがロシアに併合されるに至ったが、タシケントは経済的にも戦略的にも中央アジアの中心的都市としてロシアの直轄領に組み入れられた。旧市街のそばのアンホール運河を境に、東側にロシア人が住む新市街が建設され、ロシアの商人などが次々に移住してきて、ロシア正教の教会を持つヨーロッパ的な都市誕生となった。西側の旧市街であるウズベク地域とは分けて統治された。しかし、この境界も1966年4月26日に起きた大地震で町の大半が崩壊し、家屋7万8000棟が消え失せ境界線も無くなった。地震直後に3万人以上の労働者が各地から投入され、わずか数年でタシケントは新しい近代都市として生まれ変わったのである。

バラク・ハーン・マドラサ
▲2006〜07年に修復作業を終え、見事な姿に復元された神学校。タシケントの観光スポットとして訪れる人が多い。

クカルデシュ・マドラサ

▶1560年にシャイバニ朝の大臣であったクカルデシュが創建したマドラサ（神学校）。直角な中庭に面して約40の学生部屋があり、北東の角に講義室、北西の角に冬季用モスクがある。両側の角に建つミナレット上部は死刑執行の場所で、罪人や不貞を犯した女性を袋に詰めて、上から投げ落とした。生きた人間を投げ落とす刑罰方法は、中央アジアでは一般的であった。これはソビエトの支配下に入る1924年まで続けられていたという。マドラサは一時倉庫として使用されたが、1950年に改装して神学校として復活した。この辺りが町の中心部で、前のレギスタン広場では軍事や祝賀行事が行われ、現在でも金曜日になると大勢の信者たちが集まって礼拝を行う。

ジュマ・モスク

▶タシケントの「金曜モスク」と呼ばれ巨大なモスクである。15〜16世紀にタシケントが中央アジアの首都であった時代に、レギスタン広場の丘の上に建てられた。長方形のドーム型建築で、16世紀から20世紀まで何度も再建されてきたが、ソビエト時代には、隣に建っていたホジャ・アクラル・マドラサを解体し、そのレンガを現在のジュマ・モスクに使用した。中庭の北側に管轄の図書館があり、ティムールがダマスカスから運んできた世界最古のオスマン・コーラン（7世紀）が展示されている。ただしこれは複製。写真は、モスクの前で信者たちに聖水を売る男。

カファリ・シャーシ廟

▶バラフ・ハーン・マドラサの北側に位置する。10世紀のカファリ・シャーシはタシケントに住んだ神学者で、イスラム教徒の熱心な布教者として敬愛された。1541～42年になって、タシケントのスルタン家に仕えた建築家グリヤム・フセインが、彼の墓に大きなドーム型廟を建てて祀った。以後修復が繰り返されたが、建物の一部に16世紀のマジョリカ焼きタイルが残されている。

バラク・ハーン・マドラサ

▲1550年にウズベク部族であるシャイバニ朝のバラク・ハーンが建てたマドラサ（神学校）。学生は熱心な教徒だけではなく、画家や詩人、建築家なども含まれていた。20世紀半ばから、ここに中央アジアのイスラム教徒の本庁が置かれた。正面のアーチ部分の装飾に16世紀のアラビア語とモザイク模様の文様が美しく残されている。またモスクの青くきらめくドームは大空の中に溶け込むようで美しい。1955～63年にマドラサは優れた職人ウスタ・シリンによって修復され、2006～07年の再度の修復で、現在の見事な姿に復元された。

アブドゥール・ハシム・マドラサ

▶旧市街南部のナボイ公園の一角にあるマドラサ（神学校）。19世紀初めにタシケントがコーカンド・ハーンの属領になったころ建てられた。建築家のアブドゥール・ハシムは巨費を投じて学生のために建てた。当初は1階建てであったが、1864年に2階建てに改造し、1983年に修復して現在の姿になった。学生たちの部屋は、現在ウズベク民芸品や工芸品などの工房になっていて、優秀な若い職人たちが伝統工芸の継承と新商品開発にも励んでいる。品質が高く、直接販売も行う。

ティムール広場とティムール像

◀新市街中央部のティムール広場にアミール・ティムールが片手を伸ばした姿の像が建つ。ティムールは新生ウズベキスタンのシンボルとして、像はサマルカンドと生誕地のシャフリサブスにも建つ。

日本人墓地

▼ウズベキスタン全土で、2万3000人の日本人抑留者が強制労働に従事したが、そのうち884名がウズベキスタンで帰らぬ人になった。タシケント日本人墓地は市の南東部のヤッカサライ通り近くの公営墓地内にあり、タシケント市内の墓地から79名、市外から8名の計87名が眠っている。ここにはウズベキスタン全土の13か所に眠る884名の共同慰霊碑も設営されている。「日本に帰って、もう一度花見がしたい」と言い残して亡くなった抑留者のために、日本からサクラの苗木1300本が贈られ日本人墓地で美しい花を咲かせている。

ナボイ・オペラ・バレエ劇場

▲首都タシケントに建つナボイ劇場は日本人によく知られている。正式名称はアリシェル・ナボイ・オペラ・バレエ劇場という。アリシェル・ナボイ（1441〜1501年）はウズベキスタンの伝説的な偉人とされる宰相の詩人で、「ウズベクの文学の父」「中央アジアのゲーテ」とも呼ばれている。ナボイ劇場のほかに、多くの公共施設にもこの名前が付けられている。

第二次世界大戦で、ソ連の捕虜になった2万3000人の日本人が、ウズベキスタンに強制労働者として移送された。重労働の石炭の採掘、水力発電や道路、水路などの建設にかりだされたのだ。このなかでタシケントのナボイ劇場の建設を課せられたのは約500人で、このうち79人が途中で亡くなっている。強制労働者たちは、懸命に建設作業に取り組み、1年早く、わずか2年間で完成させた。妥協なく作業する日本人に、地元の子どもたちは食料を差し入れてくれることが多く、その返礼に廃材で作ったおもちゃを手渡すという礼儀も尽くしていた。完成した劇場はレンガ造りの3階建で、客席数1400を持ち、市の中心部の代表的な建造物として威容を誇っていた。

1966年4月26日にタシケントは直下型の大地震に見舞われ、市街の住宅の約7万8000戸が崩壊し、30万以上の人々が家屋を失った。しかしこの時、日本人抑留者が建設にかかわったナボイ劇場だけはビクともせず現況を保っていた。ウズベキスタンの人々の間に、「日本人の建築技術は素晴らしい」という声が高まり、日本人に対する信頼度が上がり、親日感情が強まったといわれる。

1996年にウズベキスタンのイスラム・カリモフ大統領は、建設にかかわった日本人を称えるプレートを劇場の側面に設置した。その際「彼らは恩人だ、決して日本人捕虜たちが、とは書くな」と指示したという。このプレートは日本語、ウズベク語、英語の3ヵ国語で「1945年から1946年にかけて、極東から強制移送された数百名の日本人がこのナボイ劇場の建設に参加し、その完成に貢献した」と記されている。

チョルスー・バザール

▲オールド・バザールとも呼ばれ、タシケントはシルクロードの交差路だけあって、近隣住民のみならず、遠方や外国人観光客などが訪れる。真ん中の巨大な青のドームが屋内バザール(**写真左**)で、香辛料やドライフルーツ、漬物、乳製品、穀物、ナン、魚、肉類など食料品を中心にした店が並ぶ。ドーム周辺はテントが並ぶ屋外バザールで、果物、野菜、日用雑貨、衣類、家具、陶器(**写真右**)、それに、数は少ないが鍛冶屋や板金工も出店している。さらに、普通の店では売っていない品物を持ちよって立売りしている一角もある。

▲基本的には月曜日が休日であるが、営業している店が多い。バザールの北東にはウズベク料理が気軽に食べられるチャイハナやアシュハナ(安い飲食店)の店が集まり、気兼ねなくプロフやラグマンなど伝統料理が食べられる。

ウズベキスタン歴史博物館

▶ウズベキスタンの歴史を年代順に見ることができる国立博物館。2階がその展示会場で、石器時代から20世紀初頭までのさまざまな展示品が並ぶ。最大の見ものはテルメズのファヤズ・テパ遺跡の仏教寺院跡から出土したクシャン朝（1～2世紀）のガンダーラ仏像「三尊仏像」で、ウズベキスタン最大の出土品の一つである。3階はロシア帝国の征服以後の歴史がよく分かるよう展示されている。

ウズベキスタン国立美術館

◆館内は民族的な色彩が豊かな美術館で、1～2階はウズベキスタンやタジキスタン、トルクメニスタンの伝統的なじゅうたんやスザニ、アトラス、装飾品、民族衣装、陶器など、色彩鮮やかな品々が展示されている。なかでもスザニのコレクションは圧巻で、布や刺繍に興味がある人には堪えられない。

もう一つの見どころは、フェルナガ盆地のクヴァ遺跡の仏教寺院跡から出土した7世紀の仏像の頭部（**写真右**）や、ブハラ近郊で出土したソグディアナ時代の宮殿壁画（王がゾウに乗ってヒョウを狩る姿 **写真右下**）などである。

▲20世紀のアトラス（経絣布）

▲20世紀のスザニ（刺繍布）

ウズベキスタン国立工芸博物館

▲1907年に建てられたロシア公使の私邸が博物館になった。つまり、この建物自体がそっくり展示物になった。ウズベクの職人たちによって壁面や天井にイスラム様式の精巧で鮮やかな装飾が当時のまま保存されている。コレクションはじゅうたんやスザニ、被服、衣類、木彫、木製彩色装飾、陶器、彫金、ジュエリーなど7000点にのぼる。

▲20世紀のスザニ（刺繍布）

▼極彩色豊かな接見の間の天井装飾。

ティムール博物館

▲アミール・ティムール一族を中心に、歴史上の偉人たちをも含めた品々や資料を展示した博物館。館内に入ると豪華な内装で、まず、青くきらめく天井装飾(**写真上**)に目が奪われる。展示では特にティムールの凄まじい歴史的な出来事が絵画や模型で再現されていて、彼の生涯をたどることができる。

ナボイ文学博物館

◆ウズベキスタンの伝説的偉人であるアリシェル・ナボイ(1441~1501)の功績をたたえた博物館。彼は15世紀の文学者であり、詩人であり、画家でもあり、ティムール時代に活躍した。チャガタイ語であったウズベク語とペルシャ語の比較書を著し、ロマンティックな詩を数多く残した。館内は中央アジアの文学に関するコーナーと、彼の細密画のコーナーがある。ナボイ・オペラ・バレエ劇場の名称をはじめ、多くの公共施設に彼の名前が付けられている。

▲ティムール全盛期の勇姿
(ティムール博物館)

サマルカンド
SAMARKAND

ソグド人が開いた
オアシス都市は「青の都」に

　現在のサマルカンドは、中世と近代が入り混じった不思議な町で、中央アジアの中で最も美しい街だ。大学の町としても知られ、サマルカンド国立大学やサマルカンド外国語大学を中心に海外からも多くの学生が学んでいる。サマルカンドは日本の古都と同じで、古いものと新しいものが融合し、街中では書物を抱えた男女の学生があちこちで目に留まる。時折、こうした学生から「こんにちは」と声を掛けられ、サマルカンドは親日的な町であることが垣間見える。

　サマルカンドの人口は市部で約38万人、そのうち67％がウズベク人とタジク人で、10％がロシア人、残りがタタールやウクライナなど近隣諸国の民族である。サマルカンドは中央アジアの砂漠の中で、古くから最も繁栄した町として知られ、また最も美しい町としても、各時代の歴史上に登場してきた。しかし、この町には長い興亡の歴史のかげりがあり、最初の悲運は紀元前4世紀にアレキサンダー大王による侵入で町全体が破壊され、5世紀ごろまでは死の町のままだったといわれる。「最も美しい町」がゆえに攻撃の対象になったのである。

　次の悲運は712年のアラブの侵略で、ここに住むソグド人たちは要塞都市を築き町名を「マラカンダ」という名を付けていた。今のサマルカンドである。この時のアラブはソ

グド人に対していかに残酷であったかは、マラカンダの全住民が町を捨ててアラブの支配力が弱い奥地のフェルナガとホージェント（現タジキスタン）に移住したことでもわかる。しかし、ホージェントに逃げたソグド人はアラブの圧政に敗れ多くが殺された。アラブの侵入で、この地方に大きな変化がもたらされたのがイスラム教の普及であった。

　三度目の悲運は1220年のチンギス・ハーン率いるモンゴル軍の侵略である。市は跡形もなく破壊され、市民は街から追い出され、その大部分は殺された。マルカンダの街は再び死の町に変わった。この町は現在「アフラシャブの丘」として荒漠たる原野として残されている。その後、死の町に隣接する土地に新しい「サマルカンド」の町が建設された。現在のサマルカンド市である。これまでの三つの悲運のほかにも中央アジアの民族間の争いなどがあり、サマルカンドはその時代ごとに盛衰の複雑な歴史が繰り返されていた。

　こうした興亡の歴史を重ねてきたサマルカンドであるが、いつの時代も「美しい町」であると称えられていた。アレキサンダー大王もサマルカンドの美しさを称えたといわれ、玄奘三蔵も『大唐西域記』で気候が穏やかで、樹林が生茂り、果物が豊富で、善馬を産し、と褒めたたえている。モンゴル軍の西征に加わった耶律楚材も『西遊録』で街には並木が続き、その間に桃の植え込みがあり、花と木の美しい公園があることを綴っている。

　現在のサマルカンドの街中に存在する歴史的建造物のほとんどが14世紀のティムール時代に建造したものである。「チンギス・ハーンは破壊し、ティムールは建設した」といわれるように、現在のサマルカンドはティムールあってのサマルカンドで、ティムール抜きではこの町を語れない。ティムールはウズベク人の誇りであり、新生ウズベキスタン共和国の民族的団結のシンボルにもなっている。

　英雄ティムール（1336～1405年）はサマルカンドの町をこよなく愛し、支配国の首都にふさわしい町にしようとした。このため建築家、芸術家、学者など、征服した各地域から様々な分野の著名人を連行し建設にあたらせた。王宮を建設し、学校や寺院を設け、市場や道路、隊商宿なども整備した。工事現場には諸都市からの大勢の捕虜たちを従事させていた。また、国外の職人を集め、陶器や織物、ガラス工房など造らせた。こうしてサマルカンドは、各国から商人たちがやってくる国際的な交易市場になった。そして世界的な文化都市に上りつめることができたのである。

　しかし、1404年ティムールが軍隊を率いて中国征服に出かけた折に、途中のオトラル（現在のカザフスタン南部）という場所で発病し、翌年そこの城で永遠の眠りについた。ティムール70歳の時である。遺骸はサマルカンドの「グリ・アミール廟」に葬られたが、ティムール帝国の滅亡の約100年間は、サマルカンドは支配国の文化の中心として繁栄したのである。

レギスタン広場のシルドル・マドラサ
◀マドラサの中庭を囲む多くの部屋は、主にウズベクの伝統工芸が出店している。レギスタン広場での唯一のみやげ売り場でもある。

グリ・アミール廟

◀グリは「墓」、アミールは「王」という意味。王とは一代で中央のアジア大帝国を築いたアミール・ティムール（1336-1405）である。この場所は、もともと彼の後継者と期待された孫のムハンマド・スルタン（1376-1403）が建てたマドラサ（神学校）とハナカ（巡礼者用宿舎）があった。1403年に彼はトルコ遠征で戦死し、ティムールは彼のために隣に巨大な廟を建設し、1404年に完成した。しかし、その1年後にティムール自身が中国遠征途中のオトラルで病に倒れ、ティムールもこの廟に埋葬された。彼は以前から生誕地のシャフリサブスに葬られことを望んでいたが、ティムールの死を後継者たちに秘密にするため、サマルカンドのグリ・アミール廟に埋葬された。

▶グリ・アミール廟の鮮やかな青タイルで張りめぐらされた正門と奥に建つドーム。墓石が並ぶドームの内部は、3kg使用したといわれる金の文様に覆われ、自然光とライトアップされた光が重く重なり異様な輝きを醸し出す。

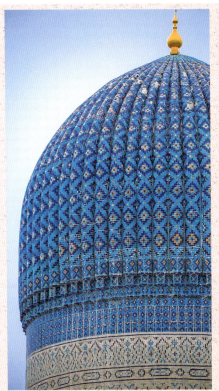

▲サマルカンドでひときわ青がきらめくグリ・アミール廟の荘厳なドーム。

▲そこは壮大な幽魂の世界である。ティムールの墓石はモグーリスタン（東チャガタン・ハーン国）から運ばれた暗緑色の軟石で造られ、廟内部の中央に置かれている。墓石にはアラビア語で「ティムールはチンギス・ハーンと同じ系統の祖先である」と刻まれている。北側にはティムールの将軍であり師であるミル・セイド・ベルケと孫、東側にはムハンマド・スルタン、南側にはウルグベク、西側にはオマル・シェイフやシャールフ、ミランシャーなどティムールの息子や孫たちの遺骸が埋葬されている。

◀実際のティムールの亡骸はこの地下の小さな墓室にある。1941年にソ連の考古学者がドームの中の棺を開けて、初めてティムールや孫、それにウルグベクの墓であることが明らかになった。ウルグベクはうわさ通りに、首が切られていたことが判明し、ティムールも歴史が伝える通り長身で足の悪い男であったことが確認された。

レギスタン広場

▲レギスタンとは砂場の意味で、かつてこの地は運河が流れ、砂と沈泥が固まった地帯であった。モンゴル軍の襲来以後はシルクロードの本道が何本も交差することから、サマルカンドの中心地として発展を遂げた。広場は国家行事の執行や、罪人の公開処刑の場としても使用されていた。

現在の広場は3つのマドラサの壮大な建造物がコの字型に配列されていて、表道路の正面から眺めると見事に調和された景観である。

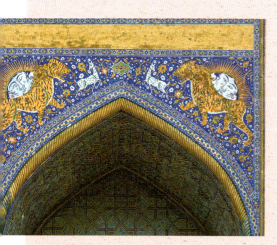

◀広場正面の向かって右側が1636年に建てられた「シルドル・マドラサ」。シルはタジク語で「ライオン」、ドルは「持つもの」を意味する。イスラム教では偶像崇拝を禁じているため、動物や人間の絵をマドラサの正面に描いたことは極めて異例といえる。

これを建造した領主ヤラングトゥシュ・バハドゥルは、自分の権力を誇示しようとしたといわれ、信者たちから強い批判を受けた。これを担当した建築家は責任をとって自殺したと伝えられている。領主バハドゥルは、非難をかわすために広場の中央に建つ「ティラカリ・マドラサ」を寄進することになった。

◀（前ページ）向かって左側に建つのが「ウルグベク・マドラサ」。ティムールの孫で、有名な天文学者であるウルグベク（1394〜1449）が、1417〜1420年にかけて建造したマドラサ（神学校）である。正面の巨大なアーチの上部に、青い星と細かいモザイク模様が整然と描かれていて美しい。100名あまりの学生が、2階建てに50ほどある寄宿舎で生活をしながら、イスラム神学や天文学、数学、哲学などを学んだ。ウルグベク自身も教壇に立ち教えていた。

▶コの字型の中央に建つのが「ティラカリ・マドラサ」（**写真右**）。1660年にバハドゥルの寄進によって建てられた。

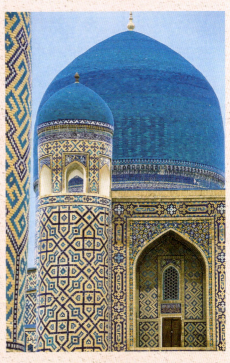

◀ティラカリとは金で覆われたという意味。青いドームの礼拝所は黄金色にきらめき、壁やミフラーブ（祈りの場所）に描かれた星や植物、アラビア文字、幾何学模様の文様などがライトアップで輝き、その光景は息を呑むほど美しい。

レギスタン広場
▲礼拝所の天井は黄金色で細かい遠近法で描かれ、丸く見える中に奥行きがあり、立体的に見えるが、実は平面である。

▲ティラカリ・マドラサの正面ゲート（入場門）

▲ティラカリ・マドラサの中庭の三方は学生の寄宿舎の部屋が並んでいる。

ビビハニム・モスク

▶同時期に建設されたイタリアのミラノ大聖堂と同規模という中央アジア最大のモスク。モスクの破風には、イラン、トルコ、アフガニスタン、コーカサス、インドを征服し、最大の帝国を築いたティムールを称賛し「ティムールは地上における神の影である」と記されている。

彼は愛妃ビビハニムのためにイスラム世界の建築技術の粋を集めて建築したといわれる。ビビハニムという名の妃は存在せず、ティムールの第一妃の名はサライ・ムリク・ハニムといい、ビビハニムとは「第一妃」という意味に近い。18世紀中頃までこのモスクの正面に大きなマドラサがあり、それをビビハニムと呼び、このマドラサを愛妃が建てた。

1398年インド遠征から戻ったティムールは、サマルカンドの古いモスクは首都の需要を満たすには小さすぎると考え、世界に誇る巨大なモスクを造る決意をした。ティムールによって征服された国々から、200人の建築職人、500人の労働者を連行し、さらにインドから95頭のゾウを引き連れ建設にあたらせた。

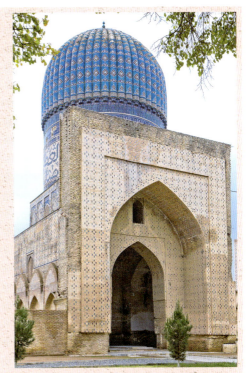

1404年に完成させたが、ティムールは対面に建つマドラサの大きな正面玄関に比べると小さすぎると怒鳴り再建を命じたのである。ティムールは連日のように現場を見回り、工期を早く終わらせたいと、労働者に貨幣や肉片を投げ入れたという。しかし、ティムールは1405年2月に中国遠征途中に急死し、工事はそれ以後行われることはなかった。ティムールの野望は数千人の信者を収容する開放的な性格の大聖堂モスクの建設であったが、完成を間近にしてタイルの落下が始まり、以後崩壊が進行し、廃墟になってしまった。

◀大聖堂モスクは基礎工事に欠陥があり、次第に崩壊が始まり、1897年の大地震が重なり、さらに大きなダメージを受けたが、ソ連政府の手によって20億円ともいわれる巨費を投じて修復作業が行われた。現在は巨大なドームが青くきらめくサマルカンド最大のモスクである。

シャヒー・ジンダ廟

▶古代サマルカンドの町があったアフラシャブの丘の南側一画にある壮大な霊廟建築群。現存する14の霊廟が一直線に並び、「死者の道」と呼ばれる。しかし、廟群は青を基調にした古い磁器タイルで装飾され、それぞれが個性的で「宝石箱通り」の風情がただよう。

シャヒー・ジンダとは「生きている王」の意味で、676年に預言者ムハンマドのいとこであるクサム・ブン・アッパースが、この地に最初のイスラム寺院を建てイスラム教を伝えた。677年に布教中に、この地を支配していたゾロアスター教徒に襲われ、信者たちを守る最中に首を切られたが、彼は自らの首を持って地下の深井戸に入り、今もそこで生命を保ち続けているという伝説がある。

クサム・ブン・アッパースの廟は、サマルカンドの最古の建物で、通りの一番奥にある。正面玄関の右手のドアは「楽園のドア」と呼ばれ、このドアを開けて3回詣でると、メッカに行ったことと同じになると信じられている。クサム・ブン・アッパースの棺は七宝タイルで覆われたマジョルカ焼きの陶製で、表面には「アラーへの奉仕中に殺された人たちは、決して死んだものと思ってはいけない。ちゃんと神の前では生きている」とコーランの一節が記されている。現在も連日多数の巡礼者が訪れる。

▶死者の道の「天国の階段」を上がると建物が倒れるように歪んで建つのがアミールゾダ廟(1386年)。ティムールを支えた将軍の息子を祀る。さらに青くきらめく2つのドームを持つコク・グンバス廟(15世紀)は天文学のウルグベク(ティムールの孫)が建てたもの。彼の師であるカズイ・ザデ・ルミの廟といわれるが、埋葬されていた骨は女性のもので、ティムールの乳母とその娘の廟とも言われる。

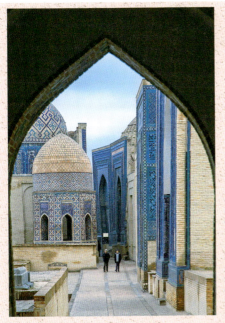

◀クサム・ブン・アッパース廟のゲートから眺める「死者の道」。ティムールゆかりの人々の霊廟が並び、青タイルで装飾された「宝石箱通り」のようだ。ティムールの妃の一人トゥマン・アカ廟、ティムールの将軍ブルンドゥク廟、ティムールの姪のシャディ・ムリク廟、ティムールの孫のウルグベクが建てた廟、ウルグベクの子の廟、ウルグベクの師の廟などがある。

▶クサム・ブン・アッパース廟の天井装飾。アラビア文様の青タイル張りのドームは巡礼者の部屋で、小窓の格子越しからクサム・ブン・アッパースの4段重ねの墓石が見られる。

◀最も美しい廟はティムールの姪のシャディ・ムリク廟で、美貌の彼女は24歳の若さで亡くなり、ティムールはその美に劣らない美しい廟を建てた。内部は青タイルが張られ、天井では優しいブルー色がきらめき、天界を模写したような美しさだ。

ハズラット・ヒジル・モスク

◀アフラシャブの丘の南側で、シャブ・バザールの横の交差路に建つ。かつて、ゾロアスター教寺院があった場所で、アラブ侵略後の8世紀初期にイスラム教の聖人で万年放浪者ハズラット・ヒジルにちなんで建てられた。彼は旅と商売での成功を授かる聖者として尊重されている。モスクは1854年に建てなおされ、装飾はガチンという粘土と石膏を混ぜた多彩な色で施されている。木造のテラスからはシャブ・バザールや市街を一望できる。

ルハバット廟

◀グーリ・アミール廟の北側に褐色のレンガがむき出し状態の建物が人目を引く。14世紀後半の霊廟で、ルハバットとは「霊の住家」の意味。神秘主義者のセイフ・ブルハネッディン・サガラジが祀られていて、預言者ムハンマドの遺髪を一緒に納められていることから信者を集めている。

◀サマルカンド旧市街。閑静な通りにポプラやプラタナスが繁るロシア風住宅街。

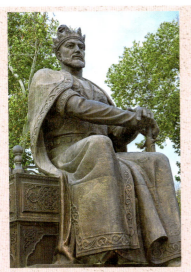

◀14世紀中央アジアの大征服者アミール・ティムール(1336〜1405年)の像が、レギスタン広場起点のロータリーに立つ。「チンギス・ハーンはサマルカンドを破壊し、ティムールが再建した」と、言われるとおり、サマルカンドを世界の首都たるにふさわしい町にしようと建設した。

イシュラトハナ廟

▶サマルカンド南部にあるイシュラトハナは「悦楽の館」を意味する古廟である。1464年サマルカンドを支配したティムールの曾孫アブー・サイドの妻が娘の慰霊のために建てたが、部屋数の多いユニークな建物は、ティムール一族の女性だけの廟として使われた。天国での永遠の館ともいわれる地下墓室からは、23人の女性と子どもの遺骸が見つかった。

▲ステンドグラスや彩のあるタイル張りの建物や見事なドームは、度重なる地震で崩れ落ち、今も荒涼としている。遺跡の前で農家の少年がロバに草を食べさせていた。

アブディダルン廟

◀サマルカンド旧市街の外れにあり、法学者アブドゥール・マゼッディンなどアブディー一族が埋葬されている廟で12世紀に建てられた。15世紀にハウズ(池)のたもとに礼拝のための部屋が設けられ、19世紀にモスクが加えられた。観光客の姿が少なく、落ち着いた雰囲気だ。

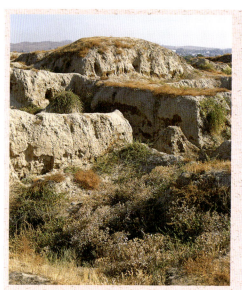

アフラシャブの丘

◀13世紀にモンゴルのチンギス・ハーンによって徹底的に破壊されるまでは、サマルカンドの都はこの丘の上に築かれていた。アフラシャブという名は、この地を支配していたソグド人の最初の王の名前である。現在は見渡すかぎり小さな丘陵が波立って見え、恰好の放牧場になっている。1958年からウズベキスタン芸術学研究所が本格的に発掘調査を行い、7世紀からの王宮や住居、倉庫、広場、道路など、王都の姿が掘り出されている。この丘に立って、遠くを眺めると南方に緑に覆われたサマルカンドの町が見える。

アフラシャブ考古博物館

◀最大の展示物は、丘から発掘された7世紀後半のワルフマン宮殿の王座の間の三面の壁に描かれた「ソグド人のフレスコ画」だ。王の行列の絵で先頭にゾウに乗った王妃と女官、ラクダに乗った外国人、白鳥を追う人物、その後ろに馬に乗った王、そこを多数の騎兵が護衛する姿が描かれている。イスラム教では、人物や動物を描くことを禁じているので、このフレスコ画はイスラム侵入以前であることを示している。また、中国や朝鮮人の使者の姿も見られ、当時の交易の広さを物語る。この頃サマルカンドはソグド商人たちが繁盛し、隊商たちで賑わっていた。

▼フレスコ画に描かれた絵柄を全体的に書き直した墨絵。

サマルカンド
国立文化歴史博物館

◆レギスタン広場に隣接した市最大の博物館。2階建てで遊牧民のテント生活や各民族の特徴的な衣装などが見られ、中央アジアの歴史と民族文化を知ることができる。展示品の中に「ソグド人のフレスコ画(複製)」も観賞できる。

20世紀初頭の遊牧民のテント生活▶

コニギルメロス 紙すき工房

◀751年にイスラム勢力と中国の唐勢力が「タラスの会戦」(現在のキルギス)を起こした。イスラム軍の勝利に終わったが、この時中国人捕虜で紙技法に精通したものがいた。それが発端になってサマルカンドに紙工場が建てられ、紙の生産が始まった。それが次第に西側に伝えられ、中国人が手がけた紙は世界中に広まっていった。サマルカンド郊外の伝統的な紙すきの里は、水が豊富に流れ、水車が回る。

▼紙の原料は桑の枝の表皮で、その原料をじっくり煮込むことから始まる。

ダニエル廟

◆アフラシャブ博物館から北東に徒歩約5分、丘の切り立った場所に紀元前4〜前3世紀の聖人ダニエルを祀った廟がある。埋葬の遺骨は国外に持ち去られたが、14世紀にティムールがペルシャから持ちかえり、長さ18mもの長い墓を建て葬った。伝説によると100年ごとに骨が伸びるので、長い館が必要だったといわれる。ここはイスラム、ユダヤ、キリスト教信者の共通の聖地で訪れる人が絶えない。

ウルグベク天文台跡

▶アフラシャブの丘の北方のチュパン・アタの丘に天文台跡がある。ティムールの孫であるウルグベク(1394〜1449)は偉大な天文学者として業績を今に伝えるが、どこで観測をしていたかは謎であった。1908年になって、ロシアの考古学者ヴィヤトキンが17世紀の古文書をもとに天文台跡を掘り出し、初めてその所在が明らかになった。

　ウルグベクがこの天文台を造ったのは1428年で、現在では、円形の天文台基礎部分と六分儀の地下部分が残されている。当時の六分儀の高さは40m、長さ63mという巨大なもので、これを巨大な建造物が取り囲んでいた。

　観測では、恒星時1年間を365日6時間10分8秒と計算した。これは現在の精密時計で計測した時間と1分にも満たない誤差で、精度の高さを表わしている。

▶遺跡の隣のウルグベク天文台跡博物館に立つウルグベク像。彼の作った天文表は今日でも正確なもので評価が高い。ウルグベクはティムールの継承者として王位についたが、相続争いで父と子との軍勢が対立し、父親ウルグベクが敗北した。1449年息子のアブダル・リャチフの命令で刺客の手によって殺され、56歳の生涯を閉じた。その約半年後にアブダル・リャチフもウルグベクを慕う人々のために暗殺された。

伝統楽器工房

▼ウズベク音楽の伝統楽器を製造する工房でリトール演奏をする2代目ハムロソフ氏。工房は市の郊外にあるが、レギスタン広場のシルドル・マドラサ内の店で楽器の実演を行っている。

▶自分が作ったリトールで演奏するハムロソフ氏。

サマルカンド・ブハラシルクじゅうたん工場

▶サマルカンド最大のじゅうたん工場で400人の女性職が働く。

◀街道沿いの魚屋兼食堂で売られていたブラムル（英語でサマルカンド・ホロムリャ）という魚。北部のヌラタ市から約50kmのアイダルクル湖で獲られたもので、中央アジアの在来魚種。

▶切れ目ない客のなかで、急いで食事をとる老いたる売主。シャブ・バザールにて

シャブ・バザール

▶タシケント通りのビビハニム・モスクの近くにあり、地元住民や観光客で賑わう。香辛料や干しブドウ、干しアンズ、野菜、スイカ、肉、魚など豊富な食料品が売られる。特にウズベク人の日常食であるナンはウズベキスタンで一番おいしいと、地元民に混じって観光客も買い求める。

デフコン・バザール

◀特徴は自家生産物を売るバザールで早朝から一般庶民が押し寄せる。一角で自分が育てた鶏を売る男。

ウルグット・バザール

◆サマルカンドから南東に約25キロメートルのウルグットはスザニのバザールで知られる。スザニはウズベクが誇る伝統的な壁掛け刺繍布で、図柄は地方によって異なり種類が豊富。バザールは連日開催され生鮮食料品から生活必需品などあらゆる品物が売られ、シルクロードを彷彿させるが、スザニだけは曜日が限定になる。土、日曜日の午前6時ごろから午後2時ごろまでがスザニを売る人たちが多い。水曜日にも数は少ないが販売人がやってくる。古いスザニは人気が高く国外からのバイヤーに買い占められてしまうが、運がよければ掘り出し物に出合うかも。

◀20世紀のスザニ(刺繍布)

イマム・アリ・ブハリ廟

◆サマルカンドの北にある新しい聖地で、イスラム学者のイマム・アリ・ブハリを祀る廟。9世紀に生まれたイマム・アリ・ブハリは預言者ムハンマドの「ハーディス」言行録を徹底的に研究し、預言者の方針に基づき「ハーディス集」としてまとめた人物。廟とモスクは16世紀に彼の墓に建てられたが、近年になって青いドームのタイル装飾が美しい廟に建て替えられた。広大な敷地には他にモスクや礼拝所、コーラン博物館などがあり、コーランの詠唱に合わせて祈る大勢の信者が見られる。

シャフリサブス
SHAHRISABZ

緑の町はアミール・ティムールの故郷

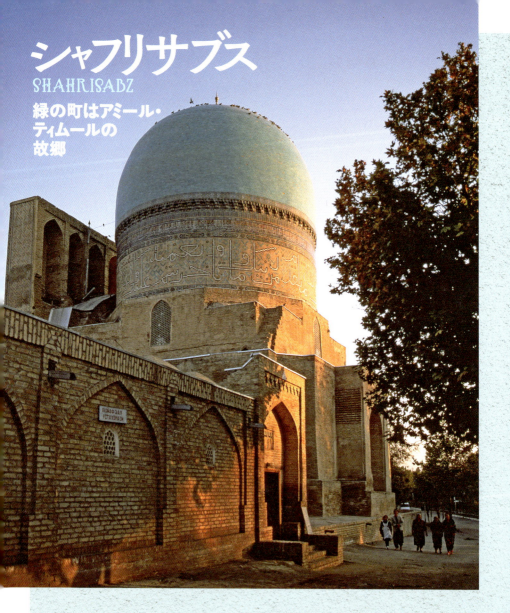

　シャフリサブスはティムールの故郷として、日帰り旅行ができる人気の観光都市である。サマルカンドの南約80キロに位置するオアシスの町は、人口約5万3000人で緑が茂り「緑の町」とも呼ばれる。
　中央アジアで最古の歴史をもつシャフリサブスは、キシュという名で知られ、アレキサンダー大王は遠征で、紀元前328年から約1年この地に滞在して妻クロサナを娶っている。7世紀には玄奘もインド遠征時に立ち寄ったことを『大唐西域記』に記している。その後イスラム化が進むが、キシュは9～10世

紀ごろまで中心都市を保っていた。その後サマルカンドやブハラが発展すると、逆に衰退し始めた。14世紀後半、そこに出現したのがティムールで、シャフリサブスは再び脚光を浴びた。

ティムールは1336年シャフリサブスの近くのホジャ・イリガル村で、チンギス・ハーンの黄金一族であるモンゴル系有力部族であるバルラスの鍛冶屋の家庭に生まれた。しかし彼はチンギス・ハーン家とつながりのある出身者ではなかった。若い時から乗馬と弓が得意で、牛や羊を奪ったり、キャラバン隊から掠奪を繰り返していた。その後も戦利品目当ての戦いを繰り返していたが、1363年の戦いで27歳のころ右足と右手に重傷を負い、これ以降足が不自由になり「ビッコのティムール」の俗称が付いてしまった。

ティムールのモンゴル人の血統へのこだわりは強く、チンギス・ハーンの血を引く女性を娶っている。チンギス・ハーンの血を重んじる遊牧民からの支持を得るためだ。彼はチンギス・ハーンを追い越せとばかりに、西へ東へと侵攻し破壊や殺伐を繰り返しながら勢力を広げていった。チンギス・ハーンの遠征に勝るとも劣らぬ破壊活動の連続であった。しかし、ティムールに抵抗しない都市に対しては破壊や略奪は行わない一面もあったという。

夕映えのコク・グンバス・モスク
◀ ウルグベクが金曜日のモスクとして建てた壮大な建造物で、青緑の大きなドームがひときわ異彩をはなつ。

ティムールはシャフリサブスを自らの故郷とし、また自らの墓を建設して、ここを首都にする考えだった。1379年ティムールが征服したホラズム地方の学者、建築家、職人たちをシャフリサブスに移住させ、1380年からアク・サライ宮殿などの建設が開始された。ティムール一族は荘厳な建造物を見せつけることに熱心で、シャフリサブスはいちじるしい文化的発展を遂げた。こうした建設は中央アジア史上で例がなく、またその後にも例を見ない。

ティムールは破壊と建設の両面を持ち合わせた人物だった。チュルク語とタジク語を話すが、読み書きはできなかったといわれ、遠征中は常に「朗読者」を伴った。彼は特に歴史に精通し、高い教養の持ち主で天才の印象を与えていた。身長が高く、強健な体と強固な精神、勇敢で死を恐れず、嘘と冗談を嫌ったという。

ティムールはシャフリサブスを首都に定めて建設を始めたが、立地面や交通の便の悪さなどから、サマルカンドを首都に変更した。アク・サライ宮殿は1405年に完成したが、1404年中国遠征の途上のオトラルで発病し、1405年2月にそこの城で永遠の眠りについた。ティムールはアク・サライを見ることなく、サマルカンドのグリ・アミール廟に埋葬された。

ティムールの死後の16世紀はティムール朝からブハラ・ハーンのシャイバニ朝に変わり、この町の繁栄を憎んだアブドッラーフ・ハーンの手で、町の大部分が破壊された。しかし現在のシャフリサブスは世界遺産になって再び舞台に上がり観光面で賑わいを見せている。

アク・サライ宮殿

▲広場に入るとまず目につくのが巨大なティムールの像で、その後ろにアク・サライ宮殿の2つのアーチが見える。1380年にアミール・ティムールが着工し、建設には20年あまりの歳月を要し、1405年の彼の死後まで続いた。夏の宮殿で、屋上にはプールまで造られた壮大な建造物であるが、今や建物の大部分が崩れ落ち、入口であるアーチ部分が残骸のように残っている。アク・サライのアクは「壮大」、サライは「宮殿」の意味で、1404年にこの宮殿を訪れたルイ・ゴンザレス・デ・クラビホというスペイン使節の日記と16世紀前半の『ボブル・ナメ』という書物には、宮殿全体が青と金色のタイルで覆われ、天井も精巧な金細工で装飾された絢爛豪華なものである、と記されている。正面のアーチ部は巧妙なモザイク技術が使われ、ライオンと太陽の紋章が描かれ、また、3つの輪によるティムールのサイン模様が付いていたという。

▲現在のアーチ部(**写真右上**)の高さは38mであるが、建設当時は50m以上もあり、左側のアーチの中柱に、アラビア文字で「スルタン(ティムール)はアラーの陰である」と書かれているが、右側は「スルタンは陰である」と書いてあり、「アラー(神)」が抜けていた。これに怒ったティムールはこの職人をアーチの上から投げ落としたという。

16世紀後半になると、シェイバニ族がティムール王朝の跡を消滅させると命令し、宮殿は破壊されたが二つのアーチのみが残った。

▶現在のアク・サライ宮殿跡は広大な公園で、新婚カップルの憧れの場所となり、挙式後のカップルたちが記念写真を撮りあっている。

▲公園から眺めたコク・グンバス・モスク(大きなドーム)と2つの小ドームをもつシャムスッデイン・クラール廟。

ドルッティロヴァット建築群

▲ティムールにまつわる建築群が並び、ここを「瞑想の館」とも呼ぶ。広い中庭に、1435年にティムールの孫であるウルグベクが金曜日のモスクとして建てたコク・グンバス・モスクが建つ。壮大な建造物で青緑の大きなドームがひときわ異彩をはなつ。内部(**写真右**)は青と白を基調にしたタイル張りで、上部にフレスコ画が描かれている。

中庭を挟んで対面する2つの廟がある。グンバスィ・サイーダン廟とシャムスッデイン・クラール廟である。グンバスィ・サイーダン廟は、これもウルグベクが1437年に自分の子孫のために建てたもので、内部に4つの墓石が並べてある。一番奥は預言者ムハンマドの血を引くテルメイドの墓石で、信者たちが手で触れていくため窪みができ、そこに溜まる水が墓石から出る成分と混じり合い、その水は子どもの病気に効果があると信じられている。シャムスッデイン・クラール廟は、ティムール自身が1373年に建てたもので、ティムールの父ムハンマド・タルガイとティムールを世界の支配者に導いたシャムスッデイン・クラールが改葬されている。これらの建築群は20世紀後半になって修復され、美しい姿を取り戻した。

ドルッサオダット建築群

◀ドルッサオダットとは「権力の座」を意味している。崩れかけた巨大な建物のジャハンギール廟が建築群の中心で、ティムールが22歳で落馬で戦死した長男のジャハンギールのために建造した。廟の正面アーチはアク・サライ宮殿のアーチとほぼ同程度の大きさで、長男の死後から約20年の歳月を費やして建設が終わった。次男のウマル・シェイヒの廟もここにある。廟の前は基底部の台座だけが残る大きな空地になっていて、ここにも廟群が並んでいた。

▶1963年にティムール自身が用意した墓室が発見され、地下室から棺が発掘された。大理石製の棺の側面にティムール自身の生涯を記した碑銘が刻まれ、彼は愛する息子たちと生誕地のシャフリサブスに埋葬されることを望んでいた。しかし彼の願いは叶わず、サマルカンドのグリ・アミール廟に埋葬されている。

ハズレティ・イマム・モスク

◀20世紀初めに、木柱で天井を支えたアイヴァン(テラス)付きのハズレティ・イマム・モスクがドルッサオダット建築群の中に建てられた。ティムールが8世紀に活躍した高名のハズレティ・イマムを尊敬し、この地に改葬したといわれる。白壁のこのモスクは地元の老人たちの信仰の場になっている。

チョルスー・バザール

▼2本のシルクロードの交差点に建つ屋根付きの市場をチョルスーと呼んだ。現在の市場は駐車場付きの広場に屋根付きの建屋が建ち、屋内バザールとして食料品から日用雑貨まで、さまざまな商品が売られる。ナンを売るこの店は顔見知りや常連客がやってきてよく売れている。

▼サマルカンドからシャフリサブスに向かうと、途中標高2000m級のタフタカラチャ峠を越える。秋から春にかけ山頂では雪や霧氷に見舞われることがある。

ヒヴァ
KHIVA

古代ホラズム王国は、
いま歴史博物館
都市に

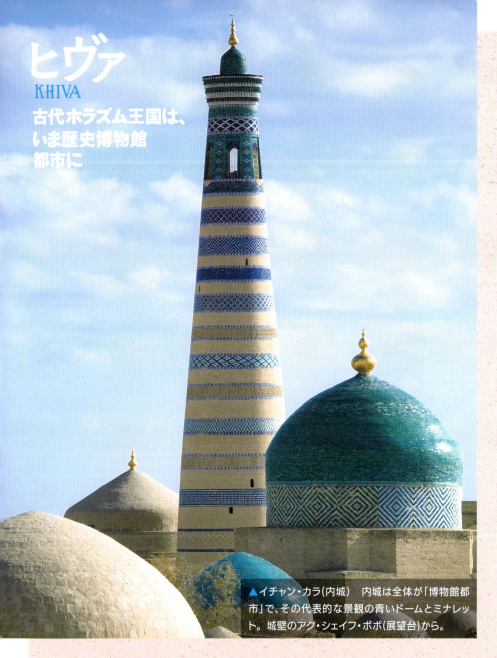

▲イチャン・カラ(内城) 内城は全体が「博物館都市」で、その代表的な景観の青いドームとミナレット。城壁のアク・シェイフ・ボボ(展望台)から。

　ヒヴァは人口約5万2000人のオアシス都市。ウルゲンチの南西約30キロのアムダリヤ川下流に位置する。発掘調査によると1世紀には町があり、ホラズム語を話すアーリア人が住んでいた。712年になるとアラブの侵入でヒヴァはイスラム教が普及し、この頃初めてヒヴァという町の名前が現れた。16世紀に入るとヒヴァの町には大きな変化がもた

らされた。長い年月の自然現象で砂漠の地形が変化し、アムダリヤ川の流れが変わり、ヒヴァの町に水の恵みがもたらされたのである。これに伴いウルゲンチ・ハーンの首都であるクフナ・ウルゲンチは衰退し、代わってヒヴァがウルゲンチ・ハーンの新都に選定されて、ヒヴァ・ハーン国が誕生した。ヒヴァはこうした幸運から、シルクロードの中枢の座を得て潤うようになった。それまで砂漠の中の小都市に過ぎなかったヒヴァは、シルクロードがもたらす富から政治、経済、宗教の中心都市になって、モスク（寺院）やミナレット（尖塔）、マドラサ（神学校）などを建設し、イスラムの聖都として栄えた。

　こうした躍進を陰で支えたのが奴隷である。ヒヴァには中央アジア最大の奴隷市場があって奴隷の売買が活発に行われていた。歴代ハーンは奴隷を仕入れるために、旅人やロシア人を含む近隣の住民を襲い、トルコ人部族やカザフ人に買わせていた。ヒヴァの「イチャン・カラ（内城）」の東門の「パルヴァン・ダルヴァザ」は、別名「奴隷の門」と呼ばれ、門内部の約60mのアーケードの窪んだ部分に鉄格子が入れられ、当時の様子が垣間見える。奴隷市場が終焉したのは1873年で、奴隷解放を大義名分にして帝政ロシアが武力攻撃を行った。この時解放された奴隷は3万人にも達し、ロシア人3000人が含まれていた。帝政ロシアが侵略した真の目的は中央アジアの統治で、1876年には中央アジアの全土を手に入れ植民地化した。

　中央アジアと西アジアに存在する内城の中で無傷で保存維持されてきたのはヒヴァの「イチャン・カラ」だけである。イチャン・カラとは内城のことで、城壁の高さが7〜8m、壁厚が5〜6m、全長2.2km、面積29haあり、東西に約450m、南北約650mの長方形をしている。この厚い壁の中には数百、数千人の人骨が埋め込んであるといわれるが、死者を壁に埋葬する風習によるものだ。小さな内城であるが、中に入ると圧巻の一言につきる。20のモスク（寺院）と20のマドラサ（神学校）、6基のミナレット（尖塔）など、50以上の歴史的建造物があり、さらに250以上の古民家が残り、約3000人が住み中世そのものの町がそっくり残っている。往時のシルクロードのオアシスの町の建造物がすべて集まり、偲ぶことができるのである。建物が全て北北東に向けて建てられているが、夏の猛暑の熱気を避けるためだ。内城は1965年に「博物館都市」に指定を受け、1990年に世界遺産に登録された。

　イチャン・カラは二重の城壁に囲まれ、1842年に造られた外壁は「デシャン・カラ」と呼ばれる。全長6kmの城壁に今でも城門が残り、内部には隊商宿跡があり、商工業者、庶民、農民が暮らしている。その城門から外に出ると一面に綿花畑が広がる。

　ホラズム州のホラズムは太陽の国を意味する。その名の通りヒヴァは年間300日も雲一つなく、年間雨量が16mmという砂漠型気候である。周囲をカラクム砂漠とキジルクム砂漠に囲まれ、夏には7月を頂点に灼熱の太陽が照りつけ最高気温が50度近くになる日がある。しかし、ヒヴァの観光はこの暑さを吹き飛ばすほどの強烈な印象がある。

オタ・ダルヴァザ門（西門）

▲「父の門」という意味で、昔から正門として活用されていたが、1920年にロシア軍に破壊され、1975年に再建された。門の両側にミナレットが建ち、中世都市の城門にふさわしい品格だ。門をくぐり抜けるところにチケット売り場がある。門前の広場には、ホラズム帝国の偉大な科学者で幾何学の基礎を作ったムハンマド・アル・ホラズミ（783〜850）の記念像が立つ。

◀南門のタシュ・ダルヴァザ門は両側に高い塔が建ち、遠方からもよく見える。このため、隊商や奴隷取引業者は、この門を目指してやってきた。また、砂漠に出ていく人もこの門を通っていった。タシュは石の意味で、名のとおり門は頑丈に造られ、侵入者を防ぐため塔では見張人が警備にあたっていた。
　他に、北門のバフチャ・ダルヴァザ門がある。

◆東門のパルヴァン・ダルヴァザ門の外側に、約300年間にわたって奴隷市場があった。分厚い門の両側に小部屋が並び、鎖につながれた奴隷たちの売買が繰り返されていた。高値で取引されたのが、職人と若くて美しい女性であったといわれる。現在、この一帯は衣服や日用雑貨食料品が並ぶ商店とバザールで、ヒヴァで一番賑わう所だ。

▲イチャン・カラは「内城」のことで、長方形に街を囲む。城壁の上に突き出している建物はアク・シェイフ・ボボという見張台で、現在は内城が一望できる展望台になっている。

▶1838年にアラクリ・ハーンが造幣所の中に建てた「サマー・モスク」と呼ぶ夏の宮殿。青を基調に緑や白など、細かい模様の七宝タイルが張りめぐらされ、6本の柱が天井を支える。

キョフナ・アルク

◆キョフナ・アルクとは「古い宮殿」を意味し、17世紀に西門のイチャン・カラに建てられた。1838年に東門に建てられた新宮殿タシュ・ハウリと区別するための呼名である。城塞として複雑な構造で建てられ、宮殿の中には、ハーンたちのモスクや公邸、裁判所、絹のお札を発行した造幣所、ハーレム、兵器庫、火薬工場、監獄などがある。

◀クリヌッシュ・ハナは「王座の間」と呼ばれ17世紀に建てられたが、イラン軍によって破壊され19世紀初めに再建された。2本の柱が天井を支え、三方の内壁は青が基調の七宝タイルが覆い、天井は赤、緑、黄、黒などで装飾された豪華なアイヴァン（テラス）である。中庭には来客の時に建てるユルタ（テント）の円形台座が残されている。

　テラスから奥に入ると黄金の扉があり、開けると王の個室がある。この北側にはハーレムがあり、ハーンの妻や妾や召使など女性の部屋がある。

▼宮殿前の広場は兵士のパレードや犯罪人の処刑の場であった。宮殿に入るとズインダイと呼ばれる監獄がある。現在は監獄博物館になっていて、人形を使った囚人の牢獄生活（**写真下**）や罪人の処刑方法（**写真左下**）を紹介している。砂漠のなかのルートから外れたヒヴァでは残酷なことが行われていたようだ。

◀クリヌッシュ・ハナの角の階段を上ると、かつて監視台として使用していたアク・シェイフ・ボボと呼ばれる展望台に行ける。ここからの眺めはイチャン・カラ（城内）全体が見わたせる。

ムハンマド・ラヒム・ハーン・マドラサ

▼キョフナ・アルクの対面に建つマドラサで、ヒヴァでは大きなマドラサ（神学校）の一つである。1876年に詩人として知られるムハンマド・ラヒム・ハーン（1863〜1910）によって建てられた。長方形の建物は中庭を持ち、角に2つの小さな塔が建つ。右側に建つ塔は高さ33mのジュマ・モスクのミナレット。

カルタ・ミナルと
ムハンマド・アミン・
ハーン・マドラサ

▶オタ・ダルヴァザ門（西門）を一歩踏み込むと、目につくのがカルタ・ミナル。1852年に着工し完成することなく放置された高さ26mのミナレットだ。カルタとは「短い」という意味で、青を基調にした採釉タイルで覆われ、日干しレンガ造りの建物群の中にあって、美しくきらめいて見える。

ここに住むムハンマド・アミン・ハーンは中央アジアで最も大きく、最も高い塔を建て、400km離れたブハラの町を見張る予定だった。工事の途中でブハラのハーンに気付かれ、塔にたずさわる職人たちが買収され、工事が中断してしまった。これに怒ったアミン・ハーンはこの職人を塔の上から投げ落としたという。実際は、1855年にトルクメン人との戦いで、アミン・ハーンが戦死したことから中断したともいわれる。

カルタ・ミナルに隣接して建つムハンマド・アミン・ハーン・マドラサは1852年にアミン・ハーンが完成した。中央アジア最大規模のマドラサ（神学

校)で、広大な敷地は4300㎡と中庭1444㎡を擁し、その周囲を2階建の125部屋が取り囲む。最盛期には260名の神学生がいた。その後、ロシアの宗教敵視政策により廃校になり、1979年にマドラサに宿泊ができるホテルとして開業した。

カール・マルクス通り

▶西門から東門まで、まっすぐに伸びる約400mのメインストリート。ここを歩けばヒヴァの主要な歴史的建造物はほとんど見られる。西門付近には土産店が並び、東門を出ればバザールがある。

サィード・アラウッディン廟

◀ サィード・アラウッディン（1303年没）はイスラム教聖者の後裔として古代ヒヴァで尊敬された指導者。土色のレンガ造りの廟内は、当時のマジョリカ焼タイルで覆われ、植物模様とアラビア文字で装飾された墓石が置かれている。白壁の玄関を入るとドーム式のモスクになっていて、この部分は、1825年にアラクリ・ハーンの命令で増築された。

ジュマ・モスクとミナレット

▼ 中央アジアで最も古く、金曜日の寺院、または中央大寺院として最も有名なモスク。扉に1788〜89年建設と刻まれているが、それよりももっと古い柱が何本も使われている。世界の中でも特異なモスクといわれ、3つの天窓から差込む光だけの薄暗がりの中に212本の柱が並ぶ。柱は3.15mの間隔で、柱の彫刻はすべてが異なる。モスクの広さは55×46m、高さが5mで強固な壁で囲まれ、奥には大理石でできたミフラーブ（礼拝所）がある。この建物の傍に、高さ33mのジュマ・モスクのミナレットが建つ。

最も古い柱

▲ 212本の柱の中で、10〜11世紀にホラズムの都から持ち込まれたものが4本ある。

　25本が17世紀までのもので、残りはたびたび修復工事を重ねて交換していった。

トシュ・ハウリ宮殿

◆宮殿はアラクリ・ハーン・マドラサ(P.70)と共同体である。アラクリ・ハーンが政治や公務、貿易などを行う目的で建て、キョフナ・アルク(古い宮殿)からこの新しい宮殿に移転した。同時にマドラサや、隊商宿、商店街なども創設し、この宮殿をトシュ・ハウリ(石の庭)と名付けた。粘土はいっさい使わず、石造りの強固な門や、銃眼がついた壁、塔などを設けるなど、城塞と同じ建築構造である。トシュ・ハウリは中庭を囲むように3つの建物が連なり、暗くて迷路のような通路が延びる。北側にはハーンの公邸とハーレム。東側には来客用応接間であるイシュラット・ハウリで、庭の正面に客のためのユルタ(テント)を立てる円形台座が残されている。西側には公務を行う謁見や儀式の場がある。

　壁は伝統的な青と白色などで模様が描かれたタイルで覆われ、天井には赤や茶色など多色で描かれた装飾、天井を支える彫り柱など、ヒヴァ独特の建築技法で施されている。ハーンは四人の妻を持ちハーレムにしていたという。2階建てのハーレムには163の部屋があり、4人の正妻の部屋、40人の女性の部屋、第三夫人以下の部屋、使用人の部屋などが並ぶ。

▶儀式を行うアイヴァン(テラス)の天井は彫り柱が支え、青磁タイルを使った幾何学模様の装飾が壁や天井に描かれている。腕前の優れた職人が携わったと思われる。

▲石彫りの台座の上に木彫り柱が天井に向かって立っている。独特な建築装飾の彫刻で、表面に植物模様やコーランの引用、イスラムの祈言などが刻まれている。この装飾は屋根を支えるお守りの役目を果たしているといわれる。

▲中庭の井戸から水をくむ老女。

▲城壁の目立たぬ場所で戯れる二人。

▲親戚や友人、隣人などから祝福されながらレセプション会場に向かう新婚カップル。

アラクリ・ハーン・マドラサ

◀イチャン・カラの代表的なマドラサ（神学校）で、アラクリ・ハーンが1830年から10年近くの歳月をかけて建造した。中庭に湧水の泉があり、泉の水源は全体を石の屋根で覆い厳重な造りになっている。砂漠の中での水の大切さが垣間見える。内部にユネスコによる織工技術訓練センターが入っていて、機織り作業の実演や機織り機、織物などが展示されている。門前で土産物を売る少年。

パフラヴァン・マフムド廟

▶ヒヴァの庇護者であったパフラヴァン・マフムド（1247〜1326）の霊廟。彼は武道の達人であり、詩人、哲学者でもあり、ヒヴァはもとよりイランやインドでも敬愛された聖人。

　正面入り口の木彫りの扉から中庭に入ると、正面がドームのある霊廟。右側にアイヴァン（テラス）、左側に目立たぬ霊廟が並んでいる。中庭には泉からの湧水があり、これを飲むと男は強くなり、女は美人になるといわれ、信者たちが泉を取り囲む。この廟は聖人の傍に葬られると、天国で幸せになるという言い伝えがあり、彼の墓の傍にムハンマド・ラヒム・ハーンや親族の墓がある。

　靴を脱いでドームの霊廟に入ると、周囲は青くきらめく採釉タイルで覆われ、正面にムハンマド・ラヒム・ハーンの墓石。左側の豪華に装飾された部屋にパフラヴァン・マフムトが眠る。巡礼者たちは格子の隙間から紙幣を墓石の上に投げ入れて願をかける。

◀霊廟はヒヴァの中心地にあり、青くきらめくドームはヒヴァで一番大きく、青空に溶け込むようで美しい。パフラヴァンは強者の意味で、聖人マフムドの冠である。

イスラム・ホジャ・ミナレットとマドラサ

▶イスラム・ホジャは1910年に同名のモスクに、ヒヴァで最大のミナレットとマドラサを付属として併設した。今ではヒヴァで最も新しい建造物になっている。ミナレットは基底部直径が9.6m、高さが44.5mあり、塔に何段ものタイル模様が入ると、太さの違いから、実際より高く見える。マドラサはヒヴァで最も美しい神学校といわれ、こじんまりした中庭に面して1階に42の小部屋が並び、2階があるのは玄関部分のみである。現在、室内は、伝統的なキリムやじゅうたん、民族衣装などが展示されている。

イスラム・ホジャはヒヴァの最後のハーンであるイスファンディヤル・ハーン(在位1910〜1918年)のとき大臣として任務にあたり、たびたびロシアを訪れた。彼はそこで得た知識や技術をヒヴァの発展に寄与したいと、ロシア風神学校を開設し、病院や郵便局を建て、道路や橋を建設し近代化に努めた。しかし、このことが嫉妬を生み、ハーンと部下の陰謀によって、生き埋めの刑に処せられたという。

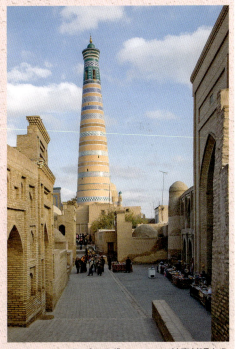

▲パフラヴァン・マフムド廟付近からイスラム・ホジャ・ミナレットを望む

ウルゲンチ
URGANCH

ヒヴァや
カラカルパクスタンへの
中継都市

　ウルゲンチはブハラから450km離れ、この間に広がるのがキジルクム砂漠である。ホラズム州の州都で、かつては中央アジアの歴史的な都市であった。ウルゲンチが歴史に登場するのは比較的新しく、ホラズムのイスラム化以降である。12世紀末～13世紀初頭にかけてのホラズム王朝時はイスラム世界において最も繁栄する豊かな都市であった。1221年、チンギス・ハーン率いるモンゴル帝国により徹底的に破壊されるが、1231年に旧市の南に再建され復興した。

　14世紀になるとウルゲンチは再びホラズムの中心都市として栄えたが、アムダリヤ川の河道が移動したため水利を失い、都市は衰退し、次第に砂漠の中に取り残された廃墟の町になった。それがクフナ(旧)・ウルゲンチである。ホラズム地方は現在二つの国に分割されていて、クフナ・ウルゲンチはトルクメニスタン共和国に組み込まれている。そこに存在するホラズム王朝期からティムール朝期の遺跡群はトルクメニスタン側に属し、2005年に世界遺産に登録されている。主な遺跡は、12世紀のテキシュ廟、中央アジア最

中央バザール
◀ウルゲンチはめぼしい観光施設がなく、商業活動で発展してきた町。街中に大型の中央バザールがあり、早朝から晩まで活気にあふれる。自家生産のとりたてタマゴを売る婦人。

長の67mを誇るクトゥルグ・ティムールのミナレット、クフナ・ウルゲンチ最大の建造物であるトレベク・ハニム廟などがある。

一方、ウズベキスタン側のウルゲンチは16世紀に再建され、クフナ(旧)・ウルゲンチの商業活動を引き継ぎ、ロシアとの絹や綿花取引で発展を遂げた。現在のウルゲンチは人口約14万人で、ソ連時代の街並みが広がる。めぼしい観光施設はないが、市中には活況に溢れた大型のバザールがある。ウルゲンチ国際空港はタシケントからの国内便が毎日運航され、ヒヴァ観光の玄関口になっている。また、カラカルパクスタン共和国に点在する古代遺跡ツアーへの出入口にもあたる。

デフコン・バザール
▲市内最大のバザールで、屋内では主に食料品関係、屋外では果実や野菜、卵など、その日にとれた自家生産物の単品商いが多い。それだけに新鮮で値段が安い。

▲バザール内で札束を抱えて歩く闇両替商。交換率は銀行よりもよいという。

ムハンマド・アル・ホレズミ像
▶ホレズム地方生まれの科学者で幾何学の基礎を作ったムハンマド・アル・ホレズミ(783〜850年)の像がウルゲンチ外れの公園に建つ。ヒヴァのオタ・ダルヴァザ(西門)前にも彼の記念像が建つ。

カラカルパクスタン共和国
REPUBLIC OF KARAKALPAKSTAN

古代ホラズム王国の遺跡群が注目を集める

カラカルパクスタン共和国はウズベキスタン共和国の中にある自治共和国で、ウズベキスタン国土の37％を占めるが、その国土の80％が砂漠である。ウズベキスタンの北西に位置し、その北部にアラル海を有する。国名の「カラ」が黒、「カルパク」が帽子という意味で、カラカルパクスタンは「黒い帽子をかぶる民族」ということになる。人口約172万人で公用語はカラカルパク語というチュルク系の言葉とウズベク語を話す。

アヤズ・カラ ▲果てしない砂漠の中にシルクロードの中継地として栄えた古代都市遺跡。

首都は人口約26万のヌクス市のほか、ホジェリ、モイナクの主要都市がある。民族はウズベク人が36％、カラカルパク人が32％、カザフ人が25％、他にトルクメ人、ロシア人、タタール人、朝鮮人などもいる。住民の大半はスンニ派のイスラム教を信仰し、ロシア人はロシア正教徒である。独自の憲法を制定していて、国旗や国章、国歌を持っている。ウズベキスタン共和国との間での憲法はウズベキスタン憲法の中で調整され、同国の憲法の枠は超えられないし、外交権も持っていないが自治権はある。

カラカルパクスタンは、かつて、ロシアのサラトフ州やカザフスタンのキジルカラから移動してきた民族で、ホレズム帝国の部族であった。1924年の旧ヒヴァ・ハーン国領の一部とロシア帝国領のザカスピ州、シルダリヤ州の一部が民族境界画定により、1925年にカラカルパク自治州が設置され、初めて世界地図に登場し、カラカルパクスタン共和国の領域を確立した。当初は現在のカザフスタンの管轄下に置かれたが、1936年にウズベク・ソビエト社会主義共和国の

管轄に移管され、1991年のウズベキスタンの独立後の翌年にカラカルパクスタン共和国に改組された。

　北部のアラル海は、途中で綿花畑への取水が激しくアラル海に流れる水が少なくなって「縮小する湖」として知られる。塩分を含んだ水質は年々悪くなり、土地も塩分が析出し塩の砂漠になっている。このため、かつて盛んだったアラル海での漁業は行われていない。

　カラカルパクスタン共和国の広大な砂漠の中に古代都市遺跡や宮殿遺跡が存在する。「トプラク・カラ」は紀元前1世紀から紀元5世紀にかけての都市遺跡で、500m×350mのレンガ造りの城壁に囲まれる。内部は宮殿や神殿、広場、居住区などからなり、拝火教すなわちゾロアスター教を崇拝した遺跡である。塑像や兵士像、壁画などが出土しているが、ロシアのエルミタージュ美術館に収められている。宮殿遺跡である「アヤズ・カラ」は、カラが「宮殿」を意味する。キジルクム砂漠の端に位置し、6～7世紀のもので、二つの小山が連なったような都城跡だ。古代ホラズム王国のオアシス都市で、シルクロードの中継地として栄えた。遺跡の高台からの眺めは、遠くにアヤズクル湖が見え、また、遺跡のふもとに宿泊できるユルタ（移動式住居）が並び休憩もできる。

▼ウルゲンチからカラクルパクスタンに向かうと、キジルクム砂漠の中を流れるアムダリヤ川（正式にはダリヤが「川」）を越えなければならない。かつては川には橋がなく浮橋を渡っていたが、現在は右側に新しい橋ができ快適に渡れる。荷台に木材を積んだロバ車がアムダリヤ川を越えてきた。

トプラク・カラ

◆古代ホラズム文化の発祥の地でもあるトプラク・カラは常に砂漠の中を流れる水流が生命の源。この流れが変わるとそれに添って城都も移動しなければならない。トプラク・カラは紀元前1世紀から紀元5世紀の都市遺跡。彼方にアムダリヤ川が望める城都は、広さが500×340mあり、日干しレンガを積み上げた城壁に囲まれている。城内には楼閣や王座の間、兵士の間、勝利の間などをもつ宮殿と3500年前に中央アジアで誕生し、イスラムが征服するまで続いた火と水の祭儀を行うゾロアスター教の神殿と広場がある。傍らの住民区の人々は、ここで共同生活を営んでいた。宮殿跡からは色彩豊かな壁画や塑像、宮殿を装飾した兵士像などが発掘され、古代ホラズム王国の美術がガンダーラやバクトリア美術からも影響していたことが明らかになった。また、中国の仏教寺院の壁画や塑像とよく似ていることから、シルクロード交流があったと想像される。他にホレズム文字が記された羊皮や貨幣なども出土している。ウルゲンチから車で約1時間30分。

トプラク・カラ

◀ゾロアスター教を崇拝する神殿跡や城壁の内側に彫られた龕跡が残る。

▶遺跡を見回る父親と子ども。

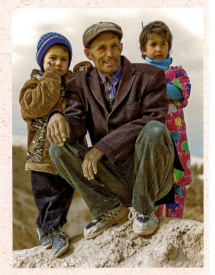

アヤズ・カラ

◆アヤズ・カラのカラは「城都」を意味する。広大なキジルクム砂漠の外れに位置し、6〜7世紀に築かれた広大な要塞都市。古代ホラズム王国のオアシス都市で、シルクロードの中継地として栄えた。

▲高い丘の上に強固な城壁が囲む。保存状態は良くないが、砂漠の中で灼熱の太陽にさらされた栄華の歴史とロマンを感じさせる。

▼日干しレンガで築かれた楼閣跡。

アヤズ・カラ

▲巨大な城壁は通路を挟む2重構造で築かれている。

▶大きなカラから見た小さなカラ。かつて双方のカラは橋で結ばれていた。

▼アヤズ・カラのふもとにユルタ(モンゴルではゲル)が並ぶ。アヤズ・カラ・ユルタと呼ばれるテントホテルで食事や宿泊ができる。泊まると月が砂漠を照らし、満天の星空に天の川が見られる。アヤズ・カラまで徒歩約10分。

ジャンバス・カラ

◆紀元前4〜紀元1世紀ごろまで栄えた城塞遺跡。約200×170mの広さで、その周囲を高さ約20mの城壁が取り囲む。北西に正門玄関の跡が残り、中央通りの両側に住居が200戸前後並び、1000人位が住んでいたとされる。大きな日干しレンガのかたまりは神殿址と想定され、ゾロアスター教が信仰されていた。熱砂の中での野ざらしから風化が進み、内部は平坦に近い状態であるが、城壁の威圧感だけは今も衰えていない。

ヌクス NUKUS

デフコン・バザール
▲砂漠の中の首都ヌクスは環境危機地帯に指定されているが、綿花や米、野菜、果実など農産物が豊富である。バザールも活気に満ちて、新鮮な野菜や果実が多く売られている。

ヌクスはカラカルパクスタン共和国の首都で人口約26万人。砂漠の中の環境危機地帯ではあるが、緑や花のあるオアシスで、綿花や米、メロンなどの農産物に支えられた賑やかな町である。しかし、ここには観光する場所がほとんど存在しない。計画街路で構成された町並みは住宅団地が立ち並び、観光地としての雰囲気を感じさせない。ただ一つ「サヴィツキー国立美術館」は、この地方の紀元前3世紀から現代までの文化を紹介している。カラカルパク民族の工芸美術品や9万点にのぼるコレクションを保管し、ロシアのサンクト・ペテルブルグ美術館に次ぐ規模といわれる。

サヴィツキー国立美術館

◆ヌクスは観光地としての雰囲気は感じられないが、唯一サヴィツキー国立美術館が人気を集める。正式名称は「イゴール・サヴィツキー記念カラカルパクスタン共和国国立美術館」で1966年に創設された。サヴィツキーはキエフ出身で、とりわけカラカルパクスタンの歴史と伝統に魅せられた芸術家で収集家でもある。美術館は紀元前3世紀から現代までの出土品や装飾品、工芸美術品、伝統衣装など、9万点にも及ぶコレクションでカラカルパクスタン（黒い帽子をかぶる民族の国）の歴史や文化を紹介している。2階がカラカルパクスタンで発掘された遊牧騎馬民族時代（クシャン朝）の婦人像頭部やソグド人の納骨器などの出土品、中世ホレズム朝に関わる物品が並ぶ。また、カラカルパク族の装飾品、絨毯、スザニ、衣装やユルタの室内装飾品などの伝統工芸のコーナーがある。3階では、サヴォィツキーゆかりの品物と彼が収集し世界が注目する数千点のロシア・アヴァンギャルト絵画（1910年から1930年にかけてロシア帝国・ソビエト連邦に興った芸術運動時代の作品群）とウズベキスタン・タシケントで活躍した同時期の画家を中心にした作品を展示している。

ブハラ
BUKHARA
中世の聖都が世界遺産群でよみがえる

　中央アジアのオアシス都市であるブハラは1220年チンギス・ハーンが統率するモンゴル大軍の侵攻で原型を留めないほど壊滅した。14世紀に廃墟の上に都市が再建されたが、今なおこの当時と変わらぬ中世都市の面影を色濃く残している。砂漠のオアシスとしてシルクロードの中枢に位置し、「聖なるブハラ」と呼ばれるように、中央アジアのイスラム教の中心地として栄えてきた。

　ブハラの歴史は古く、最初に都市が造られたのは2500年以上も前で、中国の『史記』には、紀元前2世紀のブハラのことをブホとかブホーラいう名で紹介されている。709年のアラブ侵攻以前は、古代ソグド人たちが小侯国を築いて同盟を結び、遊牧民からの侵略を防いだり争ったりしていた。アラブ侵入以後は9世紀に全体を支配する王朝の時代になり、ソグド人たちの宗教や言語までもが変わっていった。ブハラの最初の王朝は、この地に住む貴族がアラブに推されて誕生したサマン朝である。この時代に黄金期を迎え、手工業や商業が繁盛し、学術文化は世界文化の中心といわれるまでになった。その後999年には遊牧民のカラハン朝、13世紀にはモンゴル朝、14世紀にはティムール朝と、次々に支配者が変わっていった。その後はウズベク人によるシャイバニ朝、17世紀にアスターハン朝、そして最後がタンギート朝と続き、人口約27万人の現在のブハラがある。

　ブハラの長い歴史の中での最大の悪夢は1220年の春、モンゴル大軍がブハラを包囲し突破してきたことである。ブハラの守備兵2万人は、一時はモンゴル軍に逆襲し後退させたが、対抗する兵力は弱く、結局アムダリヤ川に追い詰められ皆殺しの運命となった。城内はいたるところに放火され、市の全体に火が付いた。こうしてモンゴルの大軍は城市が炎上し煙が高くまい上がるブハラを後にして、次の侵略地であるサマルカンドへ向かっていった。

　タシケントやサマルカンドは近代都市に生まれ変わったが、ブハラは重要な一つの中世都市として存続している。モンゴル軍に町は完全に破壊されてしまったが、モンゴル侵入以前の全盛期時代の建造物の幾つかが災難を逃れ、現在遺跡として見ることができる。

　街中にはブハラ最大のカラーン・ミナレット（尖塔）をはじめモスクやマドラサ（神学校）、キャラバン・サライ（隊商宿）などが建つ。特にモスクのドームのタイルの青さが強く印象づけられる。なぜドームを青く描くのであろうか。空や海の青さとはまるで違う。魂がそこに吸い込まれそうな青なのである。ただ人の目に美しく表現しているのではなく、人の心に何かを訴える青にも見える。青という色は自然の色で、それを人工的に造りだしたのがモスクの宝石のような青なのである。砂漠のなかで一生を過ごす人々の苦楽から、あの独特な青がにじみだし、きらめいているのだろう。

カーラン・モスクの夕映え
▶1514年のシャバニ朝時代に建て直され、ブハラの金曜の大聖堂として1万人の信者が礼拝できる。

ブハラ

アルク城

▲アルクは「城」の意味で、約2500年前のこの周辺が古代ブハラの発祥の地であったとされるが、ここに砦があったかどうかは掘ってみなければ分からない。アルク城は7世紀に創建されたといわれるが、その後たび重なる修復や改築が続き、現在の城は18世紀に再建されたものだ。レギスタン広場の正門から急な石畳の坂道を上がると、まず左側にブハラ革命（1920年）前の政治犯を投じた牢獄があり、囚人の人形（**写真右**）が、この時代の暗くて悲惨な状況を語っている。

　城内にズインダン（監獄）歴史博物館があり、奴隷の写真や資料が多い。絵画には、イスラムの戒律を守らなかった罪人や奴隷の物乞い姿などが描かれている。

　城内には、金曜モスクや王座の間、裁判所、ハーンの部屋、家族部屋、正面玄関の上には、王の出入りの時に賑やかに鳴らす楽隊の部屋がある。アルク城はハーンの居城であると共に軍人や役人も住んでいて、20世紀初めには3000人が暮らしていたという。最後のハーンとなったのが30歳で王位についたアミール・アリム・ハーン（1880〜1943 **写真右下**）で、ブハラ革命とい

われた1920年のソビエト赤軍の占領で滅亡し逃亡した。城砦の上からは旧市街の町が眺められ、異国情緒たっぷりの景観が楽しめる。

▲アルク城は城砦として強固に建てられている。

リャビハウズ

▶リャビとは「岸辺」、ハウズは「池」の意。大臣であったナディール・ディヴァンベギがこの地に池を造りたいと、地主の女性に土地を売ってくれるよう頼んだが断られ、力ずくで、この地下に運河を通し、家屋を流してしまった。地主はやむなく手放したという伝説があり、当時は「力ずくの池」と呼ばれていた。

池は1620年に公共用水池として造られ、長さ42m、幅36m、深さ5mで、岸辺に石の段々があり8段下がると水面に達する。かつて、町民たちは水を汲み洗濯をしていた。畔に楡(ニレ)の樹林が茂り、今も木陰の下は住民の憩いの場所になっている。また縁台が並ぶチャイハナ（茶店）では、男たちが茶を飲みながらゲームをしたり、談笑しながらのんびりと過ごしている。

後方は1619年に建てられたナディール・ディヴァンベギ・ハナカでドームの下に十字型のホールがあり、現在はウズベク芸術家たちの画廊になっている。

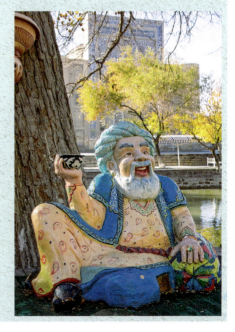

ナディール・ディヴァンベギ・マドラサ

▲リャビハウズの公園にあるマドラサ(神学校)は、1622年にナディール・ディヴァンベギによって建てられた。正面のアーチは青を基調にした美しい色タイルで装飾されている。注目すべきは上部の左右に、2羽の鳳凰が足で鹿をつかみ、人面相の太陽に向かって飛ぶ姿だ。偶像崇拝を禁じるイスラム教義に反する絵である。サマルカンドのシェルドル・マドラサにも同じ絵が描かれ、信者たちの物議をかもした。ナディールは本来隊商宿(キャラバン・サライ)を造り始めたのだが、イマム・クリ・ハーン(1611〜1642)がやってきて「アラー(神)の栄光」とナディールの信仰心を褒めたたえたことから、ハーンの怒りを抑えるために、急にマドラサに変更したという。

中庭に入るとたくさんの部屋が並び、現在はウズベク民芸品や工芸品を売る店になっている。広場では連日観光客のために民族舞踊ショー(**写真右上**)が行われる。

正門前の公園にはロバにまたがる神学者フッジャ・ナスレッディンの像があり、彼のユーモアにあふれた授業はブハラ市民の人気の的になった。

チャル・ミナル

◀チャルは「4本」、ミナルは「塔」の意味。1807年に大富豪カリス・ニヤズクルによってマドラサの門番小屋として建てられた。マドラサは残っていないがチャル・ミナルと貯水池跡が残った。ミナレットの4本の上部のドームは青いタイルがきらめき、この内の3本は格納庫として、残りの1本はドームの2階に上がる階段があった。かつてはミナレットの頂上にはコウノトリの巣がかかっていた。

タキ・サラファン

▶タキ・サラファンは両替商市場で、交差点の上に建ち、荷物を背負ったキャラバン隊のラクダが楽に通れるほど大きな建物である。この中に40ほどの両替の店舗が並んでいた。交差路の東側はカルシ門、西側がカラクル門で、街の中心にあることから、このあたりが最も賑わうところであった。タキ・サラファンのドーム内からマゴキ・アッタリ・モスク方面を望む。

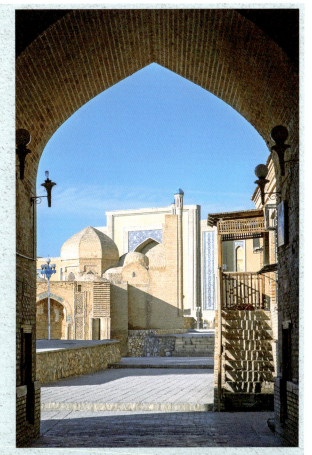

マゴキ・アッタリ・モスク

▶1936年にロシアの考古学者シシュキンによって、砂に埋もれたモスクが掘り出された。マゴキは「穴の中」の意味で、7mほど掘った穴の中に建てられたので、その名が付いた。モスクはアラブ人の手によって10世紀に創建されたといわれ、その後の壁面は3つの層に分かれていた。最も古いのがレンガに彫刻装飾が施された壁の層。その上部が古いマジョリカ焼きタイルの壁の層、そして比較的新しい壁の層である。歴史の中で、破壊されてはその上にまた建て直されてきたことが垣間見える。

タキ・ザルガロン

▶宝石商市場のことで、高価な宝石や貴金属、それに価値ある骨董品なども売買された。タキとは大きな交差点の上に丸屋根で覆ったバザールのことで、国内外から多様な民族が売買のためにやってきた。

タキ・テルパクフルシャン

▶帽子を専門に売買する市場で、帽子のさまざまな素材や原材料、手作りで刺繍模様がはいった帽子類などが国際的に取引された。

アブドゥーラ・ハーン・ティム

◆四角形の建物で、四方の壁面に箱の形の小さな店がぎっしり並んでいて「タキ」に属するバザールだ。ブハラではサンドウカと呼ばれ、絹や綿、織物の布地など専門的に売られた。

ウルグベク・マドラサ

◀アミール・ティムールの孫であるウルグベク（1394〜1449）が教育普及のために、ブハラ、サマルカンド、ギジュドゥヴァンの三都市に建てたマドラサ（神学校）の一つ。1420年にブハラのマドラサが最初に建てられた。2階建ての建物には学生たちの居室が並び、玄関を入って左側に講義室、右側にモスクをもつ中央アジア最古のマドラサである。通常マドラサの四隅には小ドームと小塔が建つが、1585年の改修によって外された。各所は星や植物、幾何学文様などがマジョリカ焼きタイルによって装飾され、正面入口の扉の上に「知識を得ることは、イスラム教徒の義務である」と「アラーを信ずるものは、常に神の祝福を受ける」とウルグベクの銘文が刻まれている。

アブドゥールアジス・ハーン・マドラサ

▶ウルグベク・マドラサの正面に建ち、ウルグベクより235年後の1653年に建てられた神学校。アブドゥールアジス・ハーン（1681年没）が建て、規模や装飾の豪華さではウルグベクを凌ぐ。入口のアーチに鳳凰が人面相の太陽に向かって飛ぶモザイクが印象的だ。中庭に入ると2階建ての学生用寄宿舎が並び、夏冬の二つの礼拝所とハーンの廟を持つモスクとで構成されている。モスク内部のモザイクタイルの装飾は豪華絢爛である。

カラーン・ミナレット

◀カラーンは「大きい、または素晴らしい」、ミナレットは「光塔」の意味で、指導者の権威の象徴として建てられた。高さが46.5mあり、ブハラのどこからでも見える最も高い建造物である。円筒状の塔の基底部は直径が9.3m、上部が6mで、上に行くほど細くなる。壁面は14層に分けられ、異なる装飾模様のレンガが積み上げられた。頭頂部の灯光窓の下の1層だけは青タイルを使用した。内部に105段の階段がらせん状にあり、上ると16の灯光窓からブハラの市街や城壁が見渡せる。

塔は隊商たちの目印となり、塔の上からの見張の役目を果たしていた。また、18～19世紀には死刑囚を塔の上から袋に入れて投げ落とす「死刑塔」としても用いられた。1868年になってブハラはロシアの属国となり、ロシアに禁じられるまで人を投げ落とす死刑が続いたが、その最後は1884年であったといわれる。

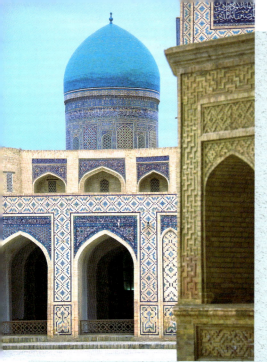

カラーン・モスク

◀カラーン・ミナレットと同時期に造られたモスクは、木造りで208本の柱が天井の288のドームを支えていた。現在のモスクは1514年に、初代シャイバニ時代に建て直され、ブハラの金曜の大聖堂として1万人の信者が礼拝できた。この大聖堂はサマルカンドのビビハニム・モスクと比べるとモスクはやや小さいが、130×80mの敷地はビビハニムより広い。長方形の中庭は周囲を回廊が囲み、青くきらめく大きなドームが特に美しい。モスクの屋根から隣のミナレットに行ける橋がある。

アリム・ハーン・マドラサ

▶ブハラ最後のアミール（王）となったアリム・ハーン（1880〜1943）は30歳で王位につき、1920年のロシア赤軍の占領でブハラ革命が起こり廃位となり逃亡した。これは彼が残した小さなマドラサで、カラーン広場のミナレットの隣に建つ。現在は子ども図書館として機能している。

ミル・アラブ・マドラサ

◀シャイバニ・ハーンの従弟であるウバイドゥツラー・ハーン（1539年没）が資金を使って建てた神学校。資金はペルシャとの戦いで得た戦利品の奴隷を売ったお金である。ハーンはこの戦利品をイスラムの王子ミル・アラブに献納した。カラーン・モスクの正面に建ち、正面アーチの両側に二つの青くきらめくドームがそそり立つ。中庭を囲む建物には回廊があり、1階の三つの角が講義室、残りの一つがウバイドゥツラーとミル・アラブの共同墓地になっている。2階が学生の寄宿舎で、選ばれた学生たちは、アラビア語やイスラム法、コーランなどを7年間で修得できる、ソ連時代に最も尊重された最高位のマドラサであった。随所に植物文様やアラビア文字文様などが、青と白のモザイクタイルで装飾されている。歴史学者は、このマドラサを称して「奴隷たちの涙と血と悲しみ」と記述している。

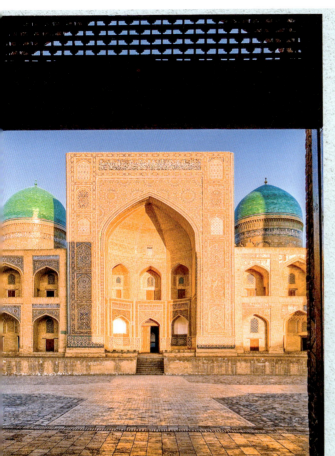

モダリ・ハーン・マドラサ

◆シャイバニ朝のアブドゥーラ・ハーン（1557～1597）は二つのマドラサ（神学校）を、正面向かい合わせに建造した。1567年に最初に建てたのが彼の母に敬意を表したモダリ・ハーン・マドラサ。正面には鮮やかな多色のモザイクで空想的な模様が描かれている。

アブドゥーラ・ハーン・マドラサ

◆モダリ・ハーン・マドラサ建設後の1588～1590年に建造された。玄関を入ると中庭へ導く二つの通路があり、中にモスクと教室がある。モスクにはメッカの方向に合わせてミフラーブ（礼拝所）と創設者の廟がある。建築が比較的新しいことから、オスマン帝国やインドの影響を受け、建築構造が複雑な造りになっている。正面は五角形や八角形、九角形の星や植物、幾何学模様など色彩豊かなマジョリカ焼きタイルで装飾されている。

スィトライ・マヒ・ホサ宮殿

◀ブハラから北に4kmほどの所にあるアミールの公邸で「夏の宮殿」と呼ばれる。当初、アブドゥーラ・ハーン（1910年没）が、宮殿建設のために、ブハラの優れた建築家をロシアに派遣し建築学を勉強させた。後の宮殿建設ではロシアの建築家とブハラの建築家が共に腕を競い合い、ブハラ最後のハーンとなったアリム・ハーンが1911年に完成させた。ヨーロッパ風な外観とオリエント風な内装とを混在させ、東西の建築技術を調和させた。入口の壁面には花瓶に花を生けたタイル絵が西洋風な色使いで描かれている。テラスを持つ「白い館」がハーンの宮殿で、発電機までが備えられている。応接の間や謁見の間は優秀な職人30人が携わっただけあって、息を呑むほど豪華な造りである。広大な敷地には女性300人を擁したハーレムがあり、プールで若い女性たちを泳がせ、ハーンはそれを眺めて、お気に入りを見定め、その日のお相手にしたという。現在のハーレムはウズベク伝統のスザニと刺繍の博物館になっている。

◀ブラハ・ハーン　夏の宮殿のハーレムの館とプール。

チャシュマ・アユブ

▶チャシュマは「泉」、アユブは「旧訳聖書の預言者ヨブ（アユブ）」のことでヨブが杖を立てたらそこから泉が湧き出たといわれ、いまでも湧き出ている。泉は眼の病気に効果があると伝えられ、各地から大勢の信者が集まってきた。次第に伝染病患者まで集まるようになり、疫病が広がることを恐れてハーンは泉の使用を禁止した。泉が湧きだした12世紀にはすでに建造物があったといわれ、14世紀になると、ホラズム建築の典型的な円錐形のドームが造られた。さらに16世紀には、アミール・ティムールによって手前のドームが増築されるなどして、ちぐはぐな造りのモスクになっていった。今でも信者たちは聖

なる泉を信じ、顔を洗い祈りをささげている。また、飲み水にしている信者もいるようだ。

バラハウズ・モスク

▼バラハウズは「池の前」を意味し、1718年にブラハ・ハーンの専用のモスクとして建てられた。ハーンはアルク城からじゅうたんの上を歩いてやって来たといわれる。正面玄関は大きなテラスで、彫刻された20本のクルミの柱が天井を支えている。極彩色の赤や緑など、鮮やかな色使いで装飾された天井は絢爛豪華である。また、壁の装飾も青と白を基調にしたモザイクタイルで覆われブハラでは類を見ないほどに美しい。

モスクの前のハウズ（池）は、周囲を石の段々が囲み、彫刻が彫られた大理石の給水所を備えている。1917年に池の畔に、礼拝を呼びかける小さなミナレットが建った。

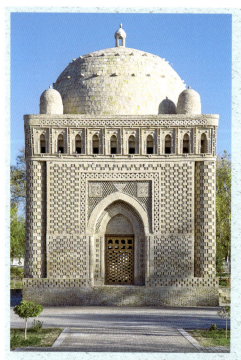

イスマイル・サマニ廟

◀892〜943年に造られ、中央アジア最古のイスラム初期の霊廟。そればかりか幾何学的建築技法は世界の建築家や考古学者の注目を集めた。9世紀末にサマン朝4代目である最後の王イスマイル・サマニが父親のために建てた。後に自分（907年没）も孫のナシル・イブン・アフマット（943年没）もここに葬られたことから、サマン朝一族の霊廟になった。ブハラ市内にあるマゴキ・アッタリ・モスクと同様に、この霊廟も土の中に埋もれていたが、1926年に考古学者のピャトキンによって発掘された。ほぼ正方形の10.8×10.7mしかない小さな霊廟だが、壁の厚さが1.8mもある。日干しレンガをさまざまな組み方で積み重ね、また、屋根の半円型ドームの組み方も注目されている。この組み方と積上げ方は、太陽や月の光がレンガの凹凸で明暗差や陰影を生み、時間の経過により、違った建物の美しさを眺めることができる。

▶建築家たちが注目する日干しレンガを巧みに積み上げたドームの天井。

バハウッディン聖地

◆ブハラから東に12kmに位置し、メッカに次ぐ聖地として敬虔な巡礼者が絶えない場所だ。14世紀の聖人バハウッディン・ナクシュバンドを祀り、2003年に今の新しい姿になった。イスラム神秘主義と民間信仰の交差する施設でナクシュバンディー教団が開祖とされる。敷地にはバハウッディンの墓石やモスク、ハウズ（池）、ハナカ、泉、桑の古木（願掛けの木）、巡礼者用宿舎、それに女性信者のために建てられたモスクなどがある。

デフコン・バザール

▶デフコン・バザールはコルホーズ・バザール（国営市場）と違い、主に自家生産物を売るバザール。種類が豊富で、しかも新鮮な食材が人気で、ブハラ庶民の胃袋を担う。

ギュジュドゥバン

▼この地の良質な赤土が原料のギュジュドゥバン陶器。

▼ブハラから約50kmのところにある陶器の町で、ティムール帝国第4代君主ウルグベグがこの地にマドラサ（神学校）を創設したことで知られる。町の入口付近に工房と美術館があり、ワークショップで陶芸体験ができる。

　焼物の特徴は深い黄色や濃い緑色、それに青と茶の色使いで、星や太陽などの宇宙と黄土色の大地や緑の植物を大胆に幾何学文様で描く。窯入れ時に、逆さにして3ヵ所を針で支えるため内側に針の跡がつき、その部分に釉薬がツユのように垂れて焼き上がる。絵柄としては見とれるほどの美しさではないが、キジルクム砂漠から何かを語りかけてくるような、深い味わいのある陶器。

テルメズ
TERMIZ

バクトリア帝国の鉄門の町は アフガニスタンの国境地帯

　テルメズ市はアムダリヤ川中流部の右岸に位置し、ウズベキスタン最南端のスルハンダリヤ州の州都で人口約15万人、川の対岸がアフガニスタン・イスラム共和国である。町の郊外にはテルメズとアフガニスタンのハーイラターンを結ぶウズベキスタン・アフガニスタン友好橋が架かっている。

　紀元前4世紀のヘレニズム時代にアレキサンダー大王がスルハンダリヤ地域に現れ、古代テルメズを渡河するための重要な戦略的拠点として都市構造を行った。紀元前4世紀の「カンプィル・テパ」遺跡が、この時の都市跡で、その後クシャン朝王に協力し、強固な城壁に囲まれた仏教信仰の都市になった。古代テルメズは紀元前1～2世紀ごろヨーロッパからインドへ抜けるキャラバン隊の町として、後に中国へと通じるシルクロードの要衝として栄えた。1世紀ごろ古代テルメズを支配したクシャン朝（紀元後1～3世紀ごろ）の3代目カニシカ王の時代に隆盛を極め、インドからガンダーラを経由してテルメズに仏教が伝来した。カニシカ王は仏教を保護して広め、この時代は仏像が盛んに造られた。その数々の仏教寺院遺跡が今も発掘されている。中には仏教文化とヘレニズム文化、さらに遊牧民文化が加わった、さまざまな土器なども出土している。カニ

戦士像頭部
◀ハルチャヤン遺跡の宮殿広間から発掘された紀元前1～後1世紀の帽子をかぶった戦士像頭部。クシャン朝時代のもので、憂いのある表情が目を大きく開き見つめている。
ウズベキスタン芸術学研究所蔵。

シカ王は日本に伝わる大乗仏教とも深いかかわりがあり、仏教の歴史の中では重要な人物である。

テルメズの北方のスルハンダリヤ州ダルヴェルジン村にある「ダルヴェルジン・テパ」はクシャン朝時代に大都市に発展し、城砦の内外に二つの仏教寺院址が発見された。この事実は都市住民と仏教とのかかわり合いを適切に物語っている。ここからは、7体の仏陀像や6体の菩薩像などが出土している。同じ北方の「ハルチャヤン」遺跡では宮殿址が発見されている。テルメズ市内の「ファヤズ・テパ」からは、優れた美意識と深い思想とを表現した石灰岩の「三尊仏像」（1～2世紀）が発見された。ウズベキスタンの仏教美術の最高傑作とされ、首都タシケントにあるウズベキスタン歴史博物館の必見の展示物になっている。

「カラ・テパ」遺跡は仏教建築群で中央アジアのなかで仏教が最も栄えた場所の一つである。1998年から国立民族博物館名誉教授であった加藤九祚（きゅうぞう）氏が発掘に携わり日本人になじみが深い遺跡として知られる。

7世紀ごろ長安の僧侶・玄奘三蔵もテルメズを訪れている。この時の様子を『大唐西域記』で「伽藍が十余ヵ所、僧徒は千余人、多くのストゥーパ（仏塔）と仏の尊像は神異が多く、ご利益がある」と記している。

7世紀以降はアラブの侵入で、イスラム教の中心地となったが、アラブ・イスラム勢力は偶像崇拝を禁止するため多くの仏教遺跡を破壊していたが、テルメズの遺跡群はその難を逃れた奇跡の仏教遺跡である。

テルメズは、ティムール統治時代はサマルカンド同様に繁栄を極めたが、17世紀に破壊されるも、1897年にロシア帝国によって要塞が築かれ、新しい都市として登場することになった。1978～1989年のアフガニスタン侵攻では、テルメズに10万人以上のソビエト連邦軍が駐屯して、アフガニスタンの重要な軍事基地になっていた。

テルメズは砂漠気候に属し、ウズベキスタンの中でも最も暑い都市といわれ、夏は期間が長く気温が40℃を超える日が多い。ちなみに6月の平均最高気温は38℃、8月が39.7℃、9月が38℃で、この3か月間をはずせば旅行にそれほど支障はない。年間降水量も156mmと少ない。

ファヤズ・テパ仏教遺跡

▶テルメズ郊外にあるファヤズ・テパは基壇の中央部に半球状のドームが建つ。これは熱砂や風雨を避けるカバーで、内部に約1800年前のストゥーパが保存されている。日干しレンガで築かれた直径3m、高さ2.8mの円筒で頭部が半球状になり白色の彩色がある。隣接して寺院の僧坊、講堂、食堂が建ち、講堂には中庭があって儀式などが行われた。この遺跡が大きな注目を集めたのが、中庭の壁付近から出土したほぼ完全な姿の「三尊仏像」(紀元1〜2世紀)である。うつぶせの状態で埋まっていたため、彫像は欠けることなく眠っていた。タシケントのウズベキスタン歴史博物館に中央アジア最高の仏教美術とし展示され、多くの人を魅了する。

「ファヤズ」とは発掘したファヤズ博士の名である。

◀分厚い壁に囲まれた寺院は、中央に講堂が建ち、その中庭で儀式などが行われた。

▶ファヤズ・テパの寺院跡から出土した「三尊仏像」(複製)。ファヤズ・テパ博物館蔵。

▶複製が多いが出土品が並ぶファヤズ・テパ博物館。

カラ・テパ仏教遺跡

◆ウズベキスタン南部のアフガニスタン国境に接する。インドで起こった仏教はテルメズのカラ・テパ遺跡などを経由して中国に伝えられ、さらに朝鮮半島から日本に渡来した。「カラ」は黒い、「テパ」は丘の意味で、3世紀ごろ栄えたクシャン王朝の仏教遺跡である。南丘、中丘、北丘の三つの丘上に広がり、内部からはインド風の石窟寺院や巨大な仏塔、僧坊跡、ストゥーパなどが発掘され、寺院の規模はテルメズ最大級である。発掘は日本の考古学者 加藤九祚氏が深く関わり、テルメズ市の「名誉市民」となり、ウズベキスタン政府から「ドストリク(友好)勲章」を受けている。緊張状態にある国境と軍管理地区のため、現在一般には非公開。

カンプィル・テパ城塞

▲テルメズ市の西約30kmにアレクサンダー大王によって築かれた都市がある。「カンプィル・テパ」と呼ばれ、アムダリヤ(川)にかかる「渡し場」を取り仕切ることから発展した税関的機能を担った都市址遺跡である。

　カンプィル・テパはアムダリヤ右岸にあり、小高いなだらかな台地のなかに浅い谷をもち、その片側に広がる。遺跡は城塞と居住区で構成され、東西に約750m、南北に200～250mある(写真左下)。城郭は内城と居住区に分け、周囲を5mほどの分厚い城壁が周囲を張り巡る。内側に回廊が走り、城壁に望楼が組まれ、その外側を濠が囲んでいる(写真右下)。内部の居住区はさまざまな形の部屋がすき間なく並び、それを通路で5つの居住ブロックに分けている。

　カンプィル・テパの初期の城郭は紀元前3世紀中ごろで、その後紀元前2～紀元前1世紀に居住区が城郭の外に集中して造られた。1～2世紀ごろがカンプィル・テパの最も繁栄した時代だったといわれる。しかしクシャン朝の2世紀中ごろから後半にかけて町は衰退し放置されてしまった。

　都城址からの出土品の中に、古代ギリシャ文字が刻まれた陶器の破片が特に重要な意味を持ち、これがギリシャのヘレニズム都市があったことの確かな証拠になった。また、城壁の望楼の造りは、当時のギリシャ人の要塞建造の造り方と同じであったといわれる。さらにギリシャ銀貨が紀元前281～261年のアンティオコス1世や紀元前200～185年のデメトリウスのもの、テラコッタ小像など、都城址の最も初期の場所から出土した。これらのことから、カンプィル・テパはバクトリア帝国の中でギリシャ人の行政によって築かれたことの証になった。

ダルベルジン・テパ仏教遺跡

▶テルメズ市から60kmのスルハンダリヤ州ショルチ市ダルベルジンに、紀元前3～2世紀に小さな集落が形成された。紀元前後のクシャン朝時代になると集落は宮殿をもつ城砦に発展した。厚さ10mの城壁で囲まれた城内は格子状に道路が走り、塔や砲台、武器庫、投石置場があり、富豪邸宅や住民区、職人街、広場、庭園、土着の神々を祀る神殿、城壁の内外に二つの仏教寺院などが設けられていた。

この仏教寺院から出土した、口ひげをはやした貴族像（1～2世紀 写真右）。ウズベキスタン芸術学研究所蔵。

寺院が2つ存在したことは仏教の地位の高さを表わしている。富豪邸の床下からは36kgの黄金の延棒や金銀、宝石類の装飾品などが出土し、寺院跡からは仏陀像や菩薩像、大小の仏教彫刻品などが多数出土している。この中に尖がり帽子をかぶったクシャン朝の頭部彫刻が発掘されている。これらはインド仏教と古代ギリシャ文化に影響を受けたもので、ここがシルクロード幹線の一つであったことを示している。現在も発掘調査が続いている。

◀ダルベルジン・テパ仏教遺跡の寺院跡から出土した菩薩立像（2～3世紀）。ウズベキスタン芸術学研究所蔵。

ハルチャヤン都城址

◆スルハンダリア州デナウ郡ハルチャヤン村にあり、丘上から紀元前1世紀の宮殿址が発見された。柱廊玄関の奥に大広間があり、その奥に王の間がある。そこを取囲むように回廊が走り、住居の部屋、番人部屋、宝物庫などがある。大広間に装飾された塑像は、彫像全体像と壁を背面にした高浮彫りがすき間なく配列されている。これらの彫像は帽子や髪、顔型などから同一氏族の人物像で、王や家族、高官や賓客の肖像を現実的に描写している。この時代のバクトリアは造形芸術の最盛期であった。

▲ハルチャヤン都城址の宮殿広間の壁面に張り付いた騎馬像断片（紀元前1〜紀元1世紀）。ウズベキスタン芸術学研究所蔵。

ズルマラ塔

◆クシャン朝時代の仏教遺跡（1〜2世紀）の塔でカニシカ王が建立した。日干しレンガと練土で造られ、基壇は約9×8m。塔の表面は漆喰が塗られ赤く彩色されている。

ザル・テパ塔

◆クシャン朝時代の遺跡で小仏堂と約200m離れた場所に塔（ストゥーパ）の仏教建築が確認された。塔の内部から503枚のクシャン朝最後の王のコインが見つかり、塔は3〜5世紀に建造されたと見られる。

テルメズ考古学博物館

▶テルメズは仏教遺跡の宝庫とシルクロードの要だけあって、ガンダーラ美術の仏陀像（**写真下**）や人物像頭部、仏足断片、唐三彩、ガラス製品、鉄製仏像など個性的な展示品が多い。ウズベキスタンでは重要な遺物はタシケントのウズベキスタン芸術学研究所が収蔵するため複製のものが多いが、テルメズの展示品は歴史観が十分に楽しめる。

▶ダルベルジン・テパから出土の仏陀像（2〜3世紀・複製）。アレクサンダー大王の東征によるヘレニズム文化の影響から、仏像も必然的にギリシャ人の顔になり、その衣服や装飾具もギリシャ・ローマ的である。

ハキム・アッ・テルメズ廟

▶中世時代に活躍したイスラムの伝承学者ハキム・アッ・テルメズの廟で「テルメズの父」と呼ばれた。立派な門を入り直線の参道を歩くと廟の正面玄関に着く。内部壁面の多くはモザイクタイルに見立てた漆喰の装飾絵でタイル同様に描かれている。素朴ではあるが一味違う荘厳さだ。静かな雰囲気の中にウズベク人の祈りの声がかすかに響く(**写真下**)。

隣接して10～15世紀の宗教建造物やその痕跡が残り、一帯を総合建築コンプレックスとも呼ぶ。

廟の裏側はアムダリヤ川で、国境越しにアフガニスタンが見渡せる。こちら側は厳しい警備で撮影は厳禁。

スルタン・サオダット建築群

▶10～17世紀の間に増築を重ねコの字型に多くのイスラム廟が建つ。その規模はウズベキスタン最大級といわれ、スルタンとその家族たちが眠る。今でも祈りの場所として使われ訪れる信者が多い。

ジャルクルガンの塔

◀テルメズから北東に約40kmのスルハンダリア州ジャルクルガン市にある。塔はカラハン朝の1108〜1109年にスルタン・サンジャルが建造した、高さ20mのイスラム教ミナレット。織物産業が盛んな町外れの田園地帯に建つ。

キルク・キズ宮殿遺跡

▼9〜14世紀にかけて40人の女性たちが住んでいた城塞造りの宮殿。修道院という説があるが定かではない。グライム女将軍と40名の女官が侵攻してきた遊牧民を撃退したという伝説が残る。正方形の敷地は堅固な土塀で囲まれ、四隅に塔が建ち、中央広場の周囲に2階建ての女性たちの部屋が並んでいる(**写真左下**)。

コキルドル・オタ・ハナカ

◀11世紀にサルダン・サオダットのモスクとして建てられたが、15世紀初頭からハキム・アッ・テルミズィーのハナカ(巡礼者用宿舎)となり、当時から中央アジア最大のハナカの一つであった。テラス式の奥まった正面玄関を入るとドーム式ホールと多数の部屋をもつ特殊な建造物である。

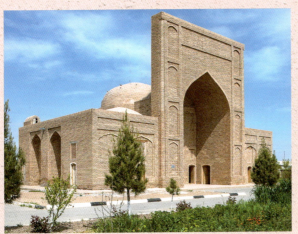

マーチ・ボボ・モスク

▼市内最大の金曜モスクで、広い礼拝所が信者で埋め尽くされる（礼拝所＝**写真下**）。

アイルタム仏教遺跡

◆前2～後3世紀のクシャン朝時代の仏教遺跡。アムダリヤ川沿い約3kmにわたり分散した小集落と警備施設があり、この辺りの川幅は約700mで狭窄地帯である。アイルタム遺跡が最も注目を集めたのが1932～33年に石灰石の楽人像彫刻が発見されたことだ。賢笛や太鼓、賢琴、リュートなどの楽器の奏者と供養者のフリーズ浮彫はクシャン朝時代における石製彫刻の最高傑作とされる。また、点在する集落に建つ大規模な仏教寺院や仏塔は石灰岩彫刻で装飾され、それらの特徴はインドやヘレニズム、それに土着のバクトリア文化の融合であった。

ユビレィニィ・バザール

▶市内最大のバザールで、ユビレィニィとはソ連時代に付いた名称。ウズベク語で「記念」という意味で、今でもウズベキスタン各地にこの名の付いたバザールがある。売り場の商品陳列が整然としている印象だ。

アレキサンドル・ネフスキー教会

▶市の中心地にそびえ立つ大聖堂は1896年にロシア軍が建造したロシア正教の教会。現在の信者数は25名。(礼拝所・**写真下**)

◀羊の大群を追う羊飼いの男。

▲スープの具になるペトルシカ(ウズベク語)というパセリを集団で収穫する女性たち。

◀納屋で遊ぶ子どもたちと牛。

フェルガナ盆地
FERGANA VALLEY
豊かな農耕地帯で栄える

　西域のフェルガナはかって大宛(アーリア系民族)という国で、漢の武帝に張騫(?〜紀元前114年)が初めて中国に紹介した。張騫は、西域の道を最初に開通させた東洋史上不朽の名を残した探検家である。

　漢の武帝は匈奴を攻めるため、当時ウズベキスタン南部とカシミール地方を支配していた大月氏国と軍事同盟を結ぶため、前139年に張騫と百余人の従者を派遣したが、途中匈奴に捕えられ10年間、捕虜になった。しかし武帝の匈奴大攻撃の時、匈奴側に乱れが生じた隙に逃げ出した。張騫は長安に帰らず再び大月氏国に向かい、途中大宛国に到着した時、この国の繁栄ぶりと豊かさに驚いた。そして張騫は大宛国の王の援助を受け、ようやく大月氏国(アムダリヤ上流のソグディアナ地方)にたどり着くことができた。長安を出発してから約10年後である。そこで匈奴攻撃を申し出たが、大月氏という国は土地が肥え、侵略する者もなく、人々は平和に生活していて、匈奴に対し、漢と同盟して攻撃する気はなかったのである。長い歳月の移り変わりは大きく、賛同を得られず失意のまま紀元前126年に長安の都

に帰国した。実に13年にも及ぶ大旅行で、二人だけが帰ることができた。

　大月氏国との同盟は取り付けることは果たせなかったが、張騫が「西域」という未知なる国々の情報を持ちかえったことに武帝は大いに喜んだ。最も武帝の心を揺さぶったのは、大宛国に高さが1丈余(2.3m)、体長が2丈以上もあり、走れば飛ぶがごとく千里を行く汗血馬と呼ばれる天馬がいることを言上したことだ。武帝は張騫の死後もこの報告を忘れられず、どうしてもこの馬を手に入れたいと、寵妃の兄である将軍李広利に大宛国への遠征を命じた。30万の兵士を率いて挑んだ李広利だが1回目は食糧不足により失敗し、2度目の遠征では6万の兵勢を率いてついに汗血馬を手に入れることに成功した。良馬数千頭、並馬3000余頭を戦利品として引き連れ、4年ぶりに名将軍として長安の都に帰国した。

　それ以降、フェルガナ盆地は古くからシルクロードの重要地点となり、カシュガルから天山山脈を抜けたキャラバン隊は、この地で休息し、特産の絹や汗血馬と呼ばれる名馬を求めた。

　現在、盆地にはフェルガナ、クヴァ、コーカンド、マルギラン、リシタン(以上フェルガナ州)、アンディジャン(アンディジャン州)、ナマンガン(ナマンガン州)などの観光都市があり、南、東、北と三方が山脈に囲まれ、西方向だけが出口になっている。人口は約180万人、民族はウズベク人とサルト人が3分の2を占め、他に約50の少数民族が入り混じっている。盆地の特産はかっては汗血馬であったが、現在は綿や絹のほかに、鉱物資源が豊富で鉄、石炭、硫黄、塩化ナトリウムなどを産するが、まだ手付かずの状態にある。気温は4月からの5か月間は降水がなく、3月から気温が上昇し6月の平均気温は35℃に。冬季は12月と1月で-20℃に達することがあり、積雪がある。

フェルガナ FERGANA

フェルガナ盆地の南端に位置する人口約22万人の州都。フェルガナは汗血馬と呼ばれた良馬の産地として、前漢の武帝に征服された大宛国として知られる。8世紀にアラブの侵入でイスラム化が始まった。フェルガナはカシュガルから中央アジアへ抜ける街道で、カラハン朝や西遼(1133～1211年に存在した国)、モンゴル帝国なども通過し、支配した。その後チムール朝を経て、18世紀にはウズベク系のコーカンド・ハーンが統治した。1876年、帝政ロシアの攻撃でコーカンド・ハーンは消滅し、帝政ロシアはこの地に軍事要塞を建設し、フェルナガは軍事都市として発展した。1930年代には町にフェルガナ運河が完成し緑が生茂り、現在の街はロシア風な新しい都市である。

ブルハニィルディン廟

◀ブルハニィルディン(1135～1197年)はマルギランで生まれたイスラム学者。『アルヒドヤ』という著書でイスラムの教えを数カ国語に翻訳した人物で、今なおフェルガナ盆地の人々に崇拝され、立派な廟が建つ。

大陸性気候で夏は暑く40℃を超えることがあるが、盆地周辺部に比べると標高(590m)が高い分やや緩和される。冬は氷点下になることが多く、−20℃を下回る日がある。年間降水量は188mmと少ない。郊外にフェルナガ国際空港があり、毎日タシケント便が発着する。近代都市で「緑の町」とも呼ばれ、運河の水路が走る豊かな町である。

クヴァ KUVA

フェルガナ州の古都で人口約3万7000人。町外れの広大な花壇公園の一角にクヴァ仏教遺跡がある。

マルギラン MARGILAN

フェルガナ市から北西へ約11kmのマルギランは人口約18万人で、古くから養蚕業の伝統技術を守る都市として名高い。シルクロード交易の最大の都市で、「絹の都市」とも呼ばれ、商人たちは絹織物をカシュガルやバグダッド、ギリシャ、エジプトなどへ輸出していた。1598年から1876年の約300年間はコーカンド・ハーンの時代で繁栄を極め、後に帝政ロシアの一部に統合されるが、1875年にマルギランは地方都市として絹と綿の産地として卸売市場になった。蚕を育て、繭から生糸を取り、シルク製品を作る一貫した手作業は今も守られている。

マルギラン・アトラスと呼ばれる矢絣(やがすり)模様のシルクの布地は、マルギランの特産品としてよく知られている。さまざまな歴史的建造物は修復してシルクに関わる職業訓練所として後継者を育てており、見学することができる。マルギランのシルクは古式に基づくやり方で、ウズベキスタン最大の絹産業の町となり、最高品質の絹製品を作っている。

アンディジャン ANDIJAN

アンディジャンは人口約38万人でアンディジャン州の首都である。カシュガルとコーカンドの中間に位置し、古くからシルクロードの要塞として、フェルガナ盆地への関門の役目を果たしていた。チンギス・ハーンに破壊されたが、13世紀に再建され、以後のコーカンド・ハーンの時代まで、商人たちによる活発な交易でフェルガナ地方の中心都市として栄えた。インドでムガール帝国を創始したバブールが1483年にアンディジャンで誕生している。その子孫のシャー・ジャハンがインドで最も美しいタージマハル宮殿を建設した。1876年コーカンド・ハーンが帝政ロシアの攻撃で併合されコーカンド・ハーンは消滅した。1902年の大地震では、3万棟が倒壊し、4千500人を超える死者を出すなど、大きな被害を受けたが、ほぼ完全に再建された。市中のフルマンチリク広場とその周辺が観光の要所で、ジョイ・モスク(現在は博物館)が建ち、伝統工芸の刺繍やコゴルチャック人形などの工房がある。また、自動車関連工業でウズベキスタン最大の産業中心地の一つになっている。

コーカンド KOKAND

シルクロードの交易路として10世紀には町が存在していた。現在の人口は約22万人。13世紀にモンゴル軍に破壊され、1571年から1626年までブハラ・ハーンの所属になったが、1732年にブハラ・ハーンから独立

したコーカンド・ハーンはブハラに次ぐ中心都市になる。1876年帝政ロシアの攻撃を受け、コーカンド・ハーンは消滅し、多くの宗教的建造物が破壊された。帝政ロシアはフェルガナ盆地全域を支配下に収めた。コーカンドは「風の街」として親しまれ、市内に1873年に建設された「王宮」が、1925年に博物館に生まれ変わり、観光の目玉になっている。

ナマンガン NAMANGAN

フェルガナ盆地の北端に位置し、フェルガナ盆地最大の都市で人口約45万人。15世紀になって町が知られるようになり、18世紀にコーカンド・ハーンの一部になる。帝政ロシアの支配時にはイスラム文化が栄え、市中にはモスク600、マドラサ(神学校)20を数えたが、1926年の大地震で歴史的建造物をほとんど失う。1991年、ウズベキスタン共和国になると、再びイスラム文化復興の中心都市として発展している。産業では綿花栽培や食品加工業が盛んであり、教育では国内屈指のナマンガン州立大学など、3つの高等教育機関をもつ。郊外のアムダリヤ川沿いに1世紀の「アフシケント遺跡」がある。

リシタン RISHTAN

リシタンはフェルガナ盆地のフェルガナ州南西端に位置し、人口約4万人の市。ウズベク人とタジク人が多く、ロシア人とタタール人が少数いる。リシタンは9世紀から陶器の町として栄え、今日でもウズベキスタンの陶器産業の90%はリシタンで造られたものである。約1100年間にも渡り、陶芸家たちはこの地でしか採れない良質の赤色粘土を元に、釉薬や塗料、山地植物の灰を使った秘法を守り続けている。リシタンは青い幾何学模様の彩色陶器として名高く、この絵付けのスタイルはウズベキスタンのオリジナルになっている。町には現在約800人の陶工がいて、先祖代々の技法を受け継いでいるが、海外との交流も盛んで、中でも日本の九谷と交流があるアリシェル・ナジロフ氏のように九谷の繊細な画風を反映した作品も作られている。

また、リシタンに1990年代後半から日本語学校(NORIKO学級)が設立され、日本語教育が盛んに行われている。

カザフスタン
キルギス
タジキスタン

26 ◀ ○タシケント
123 ◀ ○カムチック峠
121 ◀ ○ナマンガン
116 ◀ ○アンディジャン
118 ◀ ○コーカンド　○クヴァ ▶ 112
113 ◀ ○マルギラン
122 ◀ リシタン○　110 ◀ ○フェルガナ

フェルガナ盆地 ◀ 109

フェルガナ
郷土史博物館

▶1899年に開設し、フェルガナ盆地の石器時代から近代までの自然、歴史、風俗、産業、伝統工芸、絵画などを発掘品や遺物、写真、資料などで紹介している。規模は大きくないが充実している。写真は19世紀のリシタン古陶器。天然の釉薬で鮮やかな青と細かい模様が特徴。フェルガナ郷土史博物館蔵

▲9～12世紀の陶器工房の模型。1000年以上前から地元の土を使う。フェルガナ郷土史博物館蔵

▲広大な綿花畑。フェルガナ盆地最大の特産で収穫は年間50万トンを超える。フェルガナ郷土史博物館資料

フェルガナ運河

◀砂漠の国ウズベキスタンの中で、フェルガナ地方は最も水が得やすい所で、運河網が水を運ぶ。この水の恵みで盆地全体が豊かな農耕地帯になっている。

デフコン・バザール

◀フェルガナ最大のバザールで屋内屋外に豊富な商品が積み上げられて売られる。ウズベク全体の中でも大きなバザールの一つ。乾物類の店も品数が多い。

▼威勢よく鶏肉を売る女性。

▼チャッカというヨーグルトを売る女性。

▲惣菜を売る男性。

▲屋外でナンを売る女性。

フェルガナ盆地◀ 111

クヴァ
クヴァ仏教遺跡

▶遺跡は地下の文化層が厚く、紀元初期以後8世紀ごろまでの歴史を有すると見られる。発掘が行われたのは旧ソ連時代の末期（1958～59年）で、基壇の上に5～7世紀の寺院部分と礼拝所が発見された。フェルガナ盆地唯一の仏教寺院址で絵画と彫刻で飾られていた。仏像や仏具も多数発掘され、この中に7世紀の魔王頭像が発見された。仏教の悪の化身を表わしたもので頭部に鬼神のどくろを冠している（**写真右下・ウズベキスタン国立美術館蔵**）。ここから出土した塑像はどれもインドの造形技法とこの地の守護神の特徴が融合している。クヴァはインドと中国を結ぶシルクロード途上として栄えた町だ。

▲クヴァ遺跡から発掘される仏像頭部。フェルガナ郷土史博物館資料

ナウルーズ（春祭り）

◀クヴァの街中で行われていたナウルーズ（3月20日または21日に祝うウズベキスタンの春祭り）に集まった婦人会代表たち。町内会の老若男女が一堂に会し新年を祝う。ご馳走、余興、講話ありの楽しいひと時を過ごす。

マルギラン
ピル・シディック・マルギラン

▶中央公園の中に、青く煌めくドーム式の建物に多数の鳩がとまる。イスラム聖人ピル・シディックの礼拝所で市のシンボル的存在だ。内部の中央部にコーランがただ一つ供えてある。

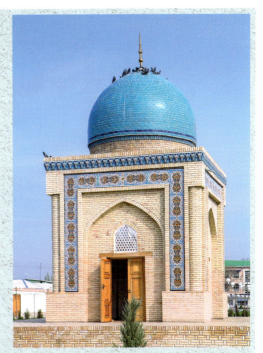

ピル・シディック廟

▲18世紀に建造された聖人ピル・シディックを祀る廟。別名「鳩のモスク」と呼ばれ、玄関入口に鳩のプレートがある。モスクやミナレットが建ち、荘厳なモスク内にはピル・シディックの石棺がある。敷地内は鳩の巣が見られ、多数の鳩が舞う。

▼ピル・シディック廟に家族で訪れた信者。

フェルガナ盆地◀

ヨドゥゴルリク・シルク工場

▶フェルガナ市から北西へ約11kmのマルギランは、中央アジア最大のシルクの産地。繭から生糸を取り、伝統的な手法で矢絣模様の布地のアトラスを制作する。原色を取り入れた美しいアトラスはウズベク人の民族衣装になって、太陽の光のもと一段と女性の魅力を引きだす。アトラスはほかにも様々な衣料品に使用される。

▲シルクの染付作業。

▶伝統的な手織機で矢絣模様のアトラスを織る女性。

▼マルギラン・アトラスを織り始める女性職人。

アトラスにはアトラスとアドラスがある。アトラスは縦糸、横糸共に絹(シルク)100％。アドラスは縦糸が絹、横糸が綿で、比率は絹のほうが多く、このパーセンテージは工場やその時の織り方によって異なる。バザールや土産店などで、よく「アトラスかアドラスか」と聞かれることは、この違いのことである。みやげ品の中にアトラスによく似たポリエステル製品が売られているが、これは単なる布である。

ハナカ・モスク

▶約300年前に建造された木造建築のハナカ・モスク。礼拝所や回廊の柱の上部から天井にかけて、極彩色で描かれた装飾はカラフルで圧倒される。

デフコン・バザール

▼ハナカ・モスクに隣接する屋内バザールは食料品関係が多く規模が大きい。

▼ナンを焼く店が並ぶ「ナン通り」の店。

アンディジャン

ジャミー・モスク

▶広場の前に19世紀創建でレンガ造りの近代的なジャミー・モスク（金曜モスク）が建つ。現在はアンディジャンを中心にした歴史や文化を紹介する博物館になっている。

デフコン・バザール

▶広大な土地に様々な商品が並び活気に満ちた大バザール。大きな屋根の下は生鮮食料品で溢れる。屋外では金物屋や手作りの鎌やクワなどを売る店、刃物砥ぎ屋、鍛冶屋、自転車修理屋、ベビーベッドのゆりかごを売る店などが所せましと並ぶ。その先の露店の広場ではスイカやメロン、カボチャなどが山となって売られている。

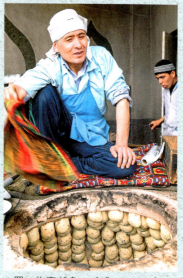

▲買い物客が多いバザールの一角で、かまどでサムサを焼く男。サムサはパイと同じで、具は羊肉、タマネギとアツアツの肉汁が詰まる。

◀繁華街の道沿いでシャシリクを焼く店。シャシリクは羊や牛肉の串焼きで、ほかにミンチやレバーの串焼きもある。

ミリ・コゴルチャック人形

▶アンディジャンは手工芸が盛んで、ミリ・コゴルチャックという伝統的な操り人形が特産。工房で店番をしながら人形用の衣装を作る職人女性。

◀コゴルチャック人形の頭を制作する女性職人。顔を描くとき、心のこもった表情を描きたいと、いつも緊張するという。

バーブル記念公園

◀1483年アンディジャンで生まれたザヒールッディーン・ムハンマド・バーブルは父の跡を継いでフェルガナ地方の領主となり、ティムール帝国を再興するため周辺の諸勢力と抗争を続けたが思うように行かず、追放されてアフガニスタン経由でインドに渡った。そして、彼は16世紀初頭にムガール帝国を建国したのである。

「バーブル」とはトラを意味し、詩人、科学者、政治家であり、ティムール王朝一門に由来する人物である。記念碑の後方の建物は彼の記念博物館で、バーブルが持ちかえったコバルトブルーのタイルやティムール一族の家系図、細密画、世界で翻訳された名著『バーブル・ナーマ』などが展示されている。彼の子孫であるシャー・ジャハンが、インドが誇る世界で最も美しい宮殿「タージマハル」を建立したことでも知られる。

コーカンド

ジャミー・モスク（金曜モスク）

▶1812年にアミール・ウマルホーンが創建し、1989年に金曜モスクとして再開された。尖塔が建ち1万人が礼拝できる大きなモスクである。テラス式回廊部分は彫刻された木の柱が天井を支え、柱の上部から天井にかけては赤や青、緑、黄色などの極彩色で装飾され古式豊かである（**写真右**）。

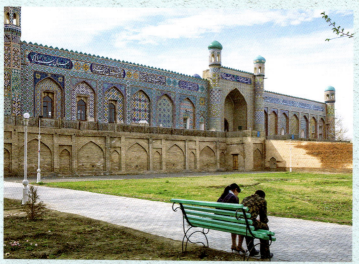

フダルヤ・ハーン宮殿

◀ムキミ公園内にあるコーカンド・ハーン国最後のフダルヤ・ハーンの宮殿。1863年から約10年かけて建設した豪華な宮殿で、現在は郷土博物館になっている。完成2年後の内乱でハーンは追い出されてしまうが、当時の部屋の壁や天井の色彩の豪華さは目を見張るものがある。当時は113の大小の部屋と7つの中庭を備えていたが、今は王の寝室など20余りの部屋と2つの中庭が残る。博物館としては、当時40人以上のハーレムの女たちと過ごした寝室の間に、日本製の陶器類が並べられている。即位の間には、宝石類、ハーンの日用品が、また武器庫や楽器類を展示した部屋などもある。

ダフマイ・シャーハーン廟

▶1830年に創建され、ウルマ・ハーンやモダリ・ハーンとその一族が眠る霊廟。タジク語で「王たちの墓所」を意味する。この地域の墓は地下に埋葬するのではなく、土台の上に大きなかまぼこ型の石棺がそのまま置かれてある。砂漠性の気候から死体の悪臭は避けられるようだ。現在では、このような墓は無くなっている。

モダリ・ハーン廟

▶青いドームが美しいモダリ・ハーンは廟は、1825年にウマル・ハーンが母親のために創建した霊廟。タジク語で「母の墓」を意味する。

▼モダリ・ハーン廟の崩れかけた青タイル。母親は進歩的な女性であったことから、モダンなタイル装飾が施されたという。

フェルガナ盆地 ◀ 119

ナルブタ・ベイ・マドラサ

◀1799年初めてフェルガナを統一したナルブタ・ベイが建造した神学校。ベイとはハーンより格下の君侯を意味する。

ハムザ博物館

◆1889年コーカンドで生まれたハムザ・ハギムザデ・ニャージーは詩人、作家、作曲家、脚本家、政治家であった。多くの作品はロシア革命の混乱期に書かれたもので、ウズベキスタンの社会主義や解放闘争に結びつけたものが多い。詩集や著書、楽譜、ハムザ自身の遺品などが展示されている。隣接してハムザ劇場が建つ。

日本人墓地

▲第二次世界大戦でソビエト軍の捕虜となり、この地で寂しく命を落とした120名の日本兵の墓。大きな大理石に全員の名前が刻まれた石碑の背後に、120の墓石が整然と並ぶ。現地人に手厚く管理されているため、ゴミ一つ落ちていない（**写真右**）。

ナマンガン
アフシケント古代都市遺跡

▶ナマンガン郊外に位置するアフシケントは、シルダリヤ川沿いの高台にある古代都市遺跡。紀元前8～7世紀から紀元8世紀頃まではフェルナガ盆地の中心都市として栄えた。12世紀にモンゴル軍の侵略を受け、当初は彼らが住みついたが、やがて出ていくときに町は壊滅状態に破壊された。ティムール朝のバーブルの父の時代になって、町は3kmほど離れた場所に再建されたが、17世紀の大地震で完全に崩壊し衰退してしまう。

▶発掘調査から排水溝跡や宮殿、住民家屋、手工業作業場、浴場、隊商宿などが発掘されたが全容は明らかでない。その後は野ざらし状態で風化が進んでいる。

◀遺跡内を見回る少年。

▼ナマンガンはリンゴの一大産地。リンゴ園で働く家族の休憩時間。フェルガナ郷土史博物館資料

リシタン
NORIKO学級

◆リシタンは通りを歩くと「コンニチハ」と挨拶が飛び交うほど親日的な町だ。日本語教育の「NORIKO学級」を取り仕切る校長は1963年生まれのナジロフ・ガニシェル氏で、設立当初から熱心に学習者の指導と日本とウズベキスタンの架け橋となり、両国の文化交流に大きく貢献している。

NORIKO学級が設立されたきっかけは、かつて日本人の大崎重勝氏が初めてこの地を訪れた時に、子どもたちの屈託のない笑顔と生きいきした躍動感、それと大人たちの真心こもった歓待に心が奪われたという。この時大崎氏は「子どもたちの未来のために何かをやってあげたい！」という強い決意を持ったという。これが日本語の教育につながり、「NORIKO学級」創設の原点になった。NORIKOは大崎氏の妻の名前から命名されたものだ。

学級は小、中学生を中心に、年少から高校生まで、約40〜60名の子どもたちが無料で日本語の勉強に励んでいる。大学レベルの日本語検定2級を取得する子どもや、全国大会であるウズベキスタン日本語弁論大会で、2016年に優勝するなど常に好成績を収め、さらに中央アジア日本語弁論大会でも、上位入賞者や優勝者を出し、CIS（10カ国による独立国会共同体）でも優勝するなど、着実に結果を生み出している。子どもたちの成長とともに日本の大学や専門学校に留学する生徒も多く、通訳や翻訳、日本企業、政府系団体への就職を希望し、国内外から注目を集めている。

「NORIKO学級」の日本語教育は、日本人教師のボランティアの尽力に頼る部分が大きい。もし日本人教師が不在になると、その期間は活動が停止するという不安が残る。これまで、日本各地から教師の経験者や教師を目指す学生たち、なかには個人旅行者が立ち寄り、即席教師として指導してくれるケースもあるという。日本語の学習のみならず、ともに歌い、踊り、遊ぶことで、日本人の社会的風習も自然と教えることができるユニークな教育機関である。

「NORIKO学級」では日本語教師の資格や経験は問わず、チャレンジ精神さえあれば、いつでも誰でも先生として迎え入れている。基本的には自力渡航となり、興味のある方は現地の「リシタン・ジャパンセンター（RJC）」校長 ナジロフ・ガニシェル氏（e-mail；nazirovganisher@yahoo.com Tel 998（37345）23963）
または 日本で「NORIKO学級」を支援している「リシタン・ジャパンセンター（日本）」へ（e-mail；cterao@peach.ocn.ne.jp）。

リシタン陶器

▶リシタンはウズベキスタン最大の陶器の町で、良質の陶土と顔料に恵まれ千年以上の前から陶芸が行われていた。リシタンの陶器は全体に厚みがあり、発色のよいコバルトブルーが主体で植物や具象物の文様を素朴な感覚で描いたものが多い。この独特な絵付けのスタイルはウズベキスタンのオリジナルになっていて、職人たちは「青の都」であるサマルカンドの歴史的建造物の装飾にも参加している。

現在、町には陶芸関係に携わる人が6000人以上いるといわれ、約800人いる陶工が、古来の文様と技法に新たなアレンジを加えて創作活動に励んでいる。リシタンの青は「イシクール」という天然釉薬で、砂漠に生えるアルカリ性の灌木の灰から得られるもので、発色が鮮やかに仕上がる秘密の釉である。

陶器の形状は多彩で、ラガンと呼ばれるプロフ（ウズベキ風ピラフ）用の大皿やカップ、壺、ポットなどに、古代の太陽や月、宇宙の円、ザクロ、鳥、水差し、唐辛子などがモチーフとして描かれる。これは平和や繁栄、幸福、長寿、魔除けなどの祈りが込められ、緻密に描く技法は、伝統的に門外不出の密伝として継承されている。この道のエキスパートであるナジロフ・アリシェル氏は、1993年に日本の国際交流基金の招きで石川県の九谷焼の研修を受け、ウズベキスタンの青を基調にした伝統技法の中に、九谷の繊細な画風を反映させた作品づくりに励んでいる（**写真下**）。アリシェル氏の工房は「NORIKO学級」に隣接してある。

カムチック峠

▶タシケントからフェルガナへ車で移動するとき通る標高2268mのカムチック峠の最高地点に石塔が建つ。谷間はアンズの花が咲き、牛が放牧されたのどかな農村風景だ。

▼峠の最高地点付近のアヌムレム・ダム湖の畔で男たちがアスルの祈りをささげる。

ペンジケント（タジキスタン）
PANJEKENT
ソグド人の古代都市

　「中央アジアのポンペイ」と讃えられるペンジケント遺跡（タジキスタン共和国）は8世紀以前に古代ソグド人が築いた都市遺跡である。サマルカンドの東方約68キロ、車で約1時間半の道のりでサマルカンドから日帰り観光ができる。

　サマルカンドを出るとほぼ直線道路で、両側に農地が広がり、右側奥にはトルキスタン山脈、左側に赤茶けた岩山のザラフシャン山脈の支脈であるハラブ山脈が連なる。やがて国境に着き、パスポート一つで出国も入国も簡単に済んでしまう。中央アジア特有の青空から強烈な日差しを受けながら麦畑や綿畑、ブドウ畑などのどかな農村風景が車窓を流れる。

　現在のペンジケント市は古代都市遺跡の下のザラフシャン川左岸の平地に街並みを造り、樹木に囲まれた人口約5万人の森の町だ。これに比べるとペンジケント古代都市跡は小高い丘の上にあり、両山脈が一望でき、また南東約90キロにそびえる万年雪のチルタルガ山（5489m）が望める絶景地にあった。シルクロードの交易を盛んに行ったソグド人が5世紀から6世紀初めにかけて築いた、面積14ヘクタールある大きな町であった。ソグド人とは、現代の

▼壁画「アーチ型門前の場面」（5〜8世紀）。ルダーキ記念歴史・博物館蔵

ペンジケント古代都市遺跡
◀5〜8世紀のソグド人の古代都市跡

タジク人の祖先であり、一部ウズベク人の祖先でもある。ザラフシャン川流域一帯のソグドという地名の場所に住む定着民族で、ソグド人という名が付いた。しかし、この町が722年にアラブの襲来によって徹底的に破壊され、長く廃墟になり土に埋もれてしまった。

1946年にソ連の考古学者によって発掘調査が行われた。古代都市を取り囲む城壁は高さ9mに対し厚さがなんと12mある。アラブ軍が保有する大砲に万全を期したのではないかと想像される。しかし、年月の経過により崩れ落ち、川の土手のようになって面影をとどめている。町の中心の大通りの両側に繁華街であった商店が並び、通りを突き抜け左に曲がると他の穴より大きくて深い宮殿の跡が残る。広間にはステージ跡が残り、王は毎夜、美女の踊りを楽しみ、客人と酒を酌み交わしていたという。他に貴族の邸宅、一般住民の住宅、神殿、バザール、倉庫跡などがあり、貴族の邸宅は二階建てでバルコニーの付いた木造部分や階段、壁が一部に残る。一般の住居は平屋の日干しレンガ造りである。中央アジアの各オアシス都市や中国、イラン、ビザンチンまで交易を広げていたソグド商人も住んでいた。また、ゾロアスター教などの聖職者や土地の神々の神殿奉仕者なども居を構えていた。

この8世紀初頭の廃墟の真下に、5世紀ごろに廃墟になった別の都市が埋まっているという。このさらに古いペンジケント古代都市については、歴史は何も語っていないのである。

タジキスタンの気候は、首都のドゥシャンベの位置する盆地では夏は非常に暑く、冬は寒さが厳しく雨が降る。ペンジケントの気温は暑くても30℃を超えず、冬の最低気温も−16℃を下らず、住みやすい街である。

ペンジケント古代都市遺跡
▶▼5〜8世紀のソグド人の古代都市跡

雪のペンジケント
▼ペンジケント古代都市遺跡から眺めるペンジケント市街の雪景色

第3章 ウズベキスタンの生活と基本情報

▲キョフナ・アルクで売られている毛糸の土産品(ヒヴァ)

ウズベキスタン人の生活「マハッラ」

▲地域共同体「マハッラ」の長老（ブハラ）

「マハッラ」とはウズベキスタン国民が伝統的に共有する地域共同体のことで、そこに居住する数百人が、長老を中心に相互扶助を目的に自立的に委員会を結成したものである。ここでいう地域は、日本でいえば「何丁目」のように数本の通りで区切られたブロックに似ている。ひとつのマハッラは全国平均で約400世帯あり、国内にはおよそ1万2000のマハッラがあるといわれる。

マハッラの組織は委員会に議会があり、議長は、最も尊敬され、経験豊富な長老が選挙で選ばれる。その下に議員が10人ほどいて、これも長老たちが選挙で選ばれる。その下に専門委員会があり、例えば「女性委員会」「青少年委員会」「結婚式・葬式など家族儀礼委員会」「争いなど調停・和解委員会」「スポーツ・文化振興委員会」など、10種類以上ある。そこに住む住民はすべてマハッラの構成員になっている。

マハッラ委員会で取り扱う議題は種々雑多で、住民の生活に密着した専門的な対応が取られる。祝祭行事、家族儀礼、嫁姑争い、不登校生徒、子どもや児童手当、困窮者支援など広範囲に行うため、各委員は日常から住民との密接な交流を深めている。マハッラは特に社会的弱者への手助けを伝統的に行っていて、病人、老人、未亡人、孤児などには、隣人たちが家を訪れ世話をしている。隣人たちがこうして積極的に関与するのは昔からの慣習なのである。また、委員たちも頻繁に訪れて要求を聞き、必要とあれば金銭や物資での支援を行っている。

また、マハッラでは仕事で成功した富裕層が、貧富の格差を緩和するために、寄付をする慣習がある。寄付はマハッラ委員会の重要な財源となり、こうした資金でモスクの修復や道路、水道、下水道の整備が行われる。また、モスクの宗教者への寄進は、宗教者からマハッラ委員会に渡され、子どもの多い家族や未亡人、孤児への援助に回

される。マハッラでは寄付以外に、労働奉仕も頻繁に行われている。例えば結婚式での料理の準備や会場の整備など、そこに付帯する作業を手伝う。

会合も委員会の定例会議や女性だけの会合、同期生の会合などさまざまな接点で行われる。また、定めた日に誰かの家に集まり、会食後に歌や踊りを楽しむ会合もある。マハッラ委員会の議長や議員は長老で構成されるが、彼らの情報交換は日常的にチャイハナ（喫茶）で行われる。チャイハナで老人たちが緑茶やコーヒーを飲みながら談笑しているのは、暇つぶしではなく住民のための情報交換を行っているのである。

ウズベキスタン人の音楽と踊り

ウズベキスタンの生活で、音楽と踊りは欠かすことができない。祭事や割礼、結婚式や卒業式などの祝い事では音楽と一緒に必ず踊る慣習がある。レストランでも音楽が流れれば踊りだす光景は珍しくない。

ウズベキスタンはシルクロードの十字路に位置し、イスラム王朝ハーン国の時代に強い影響を受けたことから、イスラム特有の旋律にそった民族音楽が発達した。楽器は主に弦楽器が使われ、洋梨形のドゥタール、半球型で長いさおが付いたタンブール、木を舟型にくり抜き羊の皮を張ったルバーブ、琴の形のチャングなどがある。このほかに弓を用いて演奏するギジャク、打楽器でタンバリンに似たドイラ、管楽器で長いラッパのカツナイやスルナイ、横笛のナイなどがある。日本

▲民族楽器を奏でる音楽隊（ブハラ）

の伝統楽器のルーツといわれる「琵琶」は、中央アジアから伝わったといわれ、外観も、弦の仕組みもウズベキスタンの弦楽器ドウタールによく似ている。

ウズベキスタンの音楽には必ずと言っていいほど踊りがつく。ウズベキスタンの民族舞踊は華やかな民族衣装をまとい、エキゾチックな旋律に合わせて身体を激しく回転させながら表情豊かに踊る。「胡旋舞」と呼

▲薄絹がなびく優雅なベールの舞（ブハラ）

りを表現する重要な要素である。舞踊もハーン国（ブハラ・ハーン、コーカンド・ハーン、ヒヴァ・ハーン）の伝統から発展した。代表的な踊りはブハラ、フェルガナ（コーカンド）、ホラズム（ヒヴァ）地方の三つで、それぞれに伝統的な振り付けやリズムがある。ブハラは華やかな刺繍が施されたガウンをまとい定まった振り付けで舞い、フェルガナはパントマイムを入れ、アトラス模様の衣装を着て、なめらかに柔らかく舞う。ホラズムは帽子にきらびやかな装飾をたくさん付けて激しく踊る。

ばれ、手や腕の動き、肩や首の動き、顔の動き、身体を後ろに反らす動きなど、それぞれの動きに意味がある。また、表情の変化も踊

ウズベキスタンの人々は老若男女とも、音楽が鳴れば、音楽に合わせて踊らなければならないほど踊りが大好きだ。そこに踊りがもたらす生活が存在し、コミュニケーションのツールにもなっている。

ウズベキスタンの料理

　ウズベキスタンの国章（138ページ参照）の中に麦が描かれているのは、穀物の収穫量が高いことを意味している。この影響を受けて、ウズベキスタンの料理に米も使われるが、主食はナン（パン）で小麦粉を使う料理が多い。イスラム教徒の国であるためアルコール摂取は欧州ほど進んでいないが酒やビールも販売されている。ワインは教徒の間でも人気があり、国内に14か所のワイナリーがあり、輸出にも貢献している。

●ナン　丸型の大きなパンで各都市によって大きさや形、厚さなどが違う。サマルカンドのナンは中央にくぼみがある。ヒヴァは薄めのナン。

▲羊肉、ニンジン、野菜、トマトなどを煮込む田舎料理のシムナム（サマルカンド）

のシャシリクもある。

◉**ショルバ**　脂肪の多い肉（主に羊肉）と野菜から作る塩味のスープ。野菜はニンジンとジャガイモで、それに香草をいれる。

◉**チュチュワラ**　水餃子に似ていて、具は肉とジャガイモ、キノコなどがはいり、スープの中に入ったものや揚げたものもある。

◉**アュチクチュチュク**　ウズベキ風サラダで、最もポピュラーなサラダである。トマト、タマネギ、キュウリを切って塩で味付けする。

◉**香草**　ウズベキスタンの料理に欠かせないのが香草で、プロフやスープ、煮込み料理の味付けに必ず入る。

◉**緑茶**　ウズベク人の一般的な飲料で、一日を通じて飲まれる。チャイハナ（喫茶店）で出されるのも緑茶で伝統的にも愛好されている。タシケント近辺には黒茶があるが、これも一般的な飲料で食事や客を招いたときなどに出される。

◉**ラグマン**　中央アジア風うどんで麺にコシがあり日本人も好む。スープはトマトベースで肉やピーマン、ニンジンなどに香草が加わる。炒めた焼きラグマンもある。

◉**プロフ**　ウズベク風ピラフ（炊き込みご飯）でオシュともいわれ、ウズベキスタンの国民食でもある。米と肉、それにタマネギ、ニンジン、レーズンなどの野菜を使用する。油っこいので、食後に熱いお茶を飲むとよい。

◉**サムサ**　窯で焼かれるパイ。ひき肉とタマネギ、カボチャ、ジャガイモなどの具が入り、一般的には軽食として、また祝い時にもよく食べる。都市によって形が四角や丸などさまざまである。

◉**マンティ**　大きな薄皮肉まん蒸し餃子。中身はひき肉とタマネギで蒸した後に熱いうちにバターやクリーム、トマトソース共に食べる。

◉**シャシリク**　日本の串焼きと似ていて、金串にヒツジ、牛、豚、鳥、魚の肉を脂身と肉身を交互に刺して焼いたもの。薄切りのタマネギに酢をかけて一緒に食べる。野菜だけ

▼道端でサムサを焼く（タシケント）

ウズベキスタンの日本語教育

▲日本語を学ぶ女子高生（タシケント）

1990年にタシケント国立東洋学大学（旧国立タシケント大学東洋学部）が日本語コースを開設したことが日本語教育のさきがけとなった。1995年にはタシケントのほかの大学や中等教育機関でも日本語教育が開始され、1998年にサマルカンド、そして1999年にはフェルガナでも始まった。教育を段階的に分けると、高等教育は日本語専攻または副専攻を持つ大学が中心で、集中的に日本語教育が行われ、現在、タシケント国立東洋学大学、サマルカンド国立外国語大学など6大学が実施している。中等教育は主に高校生や専門校生を対象に日本語を教える機関で、タシケント国立東洋学大学の付属校やサマルカンドのサテボ観光カレッジなどが該当し、タシケントに2校、サマルカンドに2校が存在する。それにUJCウズベキスタン・日本人材開発センターがタシケントとブハラで教えている。初等教育は大学の教員がサークルのような形で教えている程度で機関としては存在していない。

もう一つに学校教育以外で注目を集める日本語教室がある。1999年にフェルガナ州リシタン市に開設された「NORIKO学級」で、初等、中等教育段階の生徒を中心にした一般向けの日本語教育機関である。学習者には相当数の年少者が含まれていて、主に学習者同士が楽しみながら学び合う、ユニークな方法で教育が行われている。また、リシタン市にはJICA（国際交流基金）の援助で、2005年に「リシタン青年センター」が設立され、日本語教師などによる日本語クラスなどがある。途上国の人材育成や能力開発などが目的で、子どもたちは無料で教育が受けられる。所長は「NORIKO学級」校長のナジロフ・ガニシェル氏が兼務していて、教師の宿泊施設も完備している。

▼NORIKO学級で学ぶ小学生（リシタン）

ウズベキスタンの伝統工芸
じゅうたん・スザニ・アトラス

●**じゅうたん** ウズベキスタンは羊の原産地であり、古代から羊毛が最大限活用されてきた。羊毛は紡いで糸にして織ることができることから、ウズベキスタンでは織り手によって盛んにじゅうたん織が行われてきた。織られたじゅうたんは部屋に敷き、壁掛けにも使用されるが、結婚式での花嫁の持参財としても重要な役割を果たしている。

▲伝統模様のじゅうたんを織る（マルギラン）

結婚式からしばらくの間は、じゅうたんは布団や枕などとともに、民具の一つである長持という長方形の収納箱の上に積み上げられ、花嫁見物に来る客にお披露目し、近隣女性たちの話のネタにする。花嫁の実家の蓄財力を示す手段の一つでもある。持参財として持たされるじゅうたんは1枚であったが、近年では生活が豊かになり、4枚前後持参する花嫁が増えている。理由は家屋が大きくなったり、部屋数が増えていることによる。

持参財ではあるが、生活が行き詰まったり、現金が必要な時には売らなければならない。病気、子どもの学費、突発的な出費などで経済的に余裕がなくなった時である。観光客がこうしたじゅうたんを国外に持ち出すと、出国時に税関でトラブルが起きやすい。

●**スザニ**（刺繍布） ウズベク人女性たちによって制作されるスザニは、ペルシャ語でスザン「針」といい、「針で刺繍したもの」である。布に下絵を描き、それに刺繍をし、縫い合わせて仕上げる。

婚礼用の掛布スザニはブハラ地方に定住するウズベク人などの間で広まり、母親や親族が娘の嫁入り道具として作り、花嫁はこのスザニの後ろに隠されながら新郎の家まで見送られる。結婚式では家中がスザニで飾られ、後に新郎新婦のベッドカバーや壁掛けとして用いられた。刺繍は地域によって、独特な色遣いや模様、刺繍

▼スザニを刺繍する女性（タシケント）

▲手織り機でアトラスを織る女性職人（マルギラン）

の技術が確立していて、模様を一目見ればどこの地方で作られたかがわかるといわれる。

　スザニの文様はじゅうたんや陶器の文様と同じで、太陽、星、月の光、草花、ザクロ、唐辛子、などが描かれる。太陽は一説では古代ソグド人の太陽信仰（ゾロアスター教）をモチーフにしたといわれ、スザニの文様の中では円模様が特に好まれる。星や月の光からは満天にきらめく夜空を抽象化し、平和と繁栄への祈りを込めたものだ。また、草花には長寿に通じる願いがある。ザクロは実にたくさんの種子が含まれていることから、子宝に恵まれるようにという意味。唐辛子は赤唐辛子に災いや邪悪な精神を遠ざける力があると信じられている。

　スザニはウズベキスタンが独立後に、欧米人のバイヤーが買いあさり古い上質なスザニの大半が国外に流出してしまった。このため政府は50年以上の古いスザニは国外への輸出を禁止している。

●**アトラス**（經絣絹）
　ウズベキスタンの絹の矢絣布の

アトラスは色使いと模様が大胆で、世界の布ファンから注目を集めている。19世紀はじめに上層階級の美意識をもった人々に愛用されたが、19世紀末にはウイグル人の多くが着用するようになった。国内最大の産地はフェルガナ盆地でウズベキスタン独立後に、織物業者がアトラス織の復興に取り組んだ。現在の織り手職人は勤め人的存在で、自宅に設備を持たず、織物工場に出向いて仕事を行う。デザインの多彩さには驚くべきものがあるが、バザールなどで売られる安価なものはシルクではなく化学繊維のものが多いので購入時にはよく見きわめたい。

●**木彫**

　木は砂漠地帯のウズベキスタンでは大変貴重なもので、木彫の扉や柱は土地の支配者や権力者の邸宅でしか使用されなかった。柱は装飾を施した木製が使われ、扉は唐草やザクロの文様が用いられた。また、木彫は室内の木片の彫刻と、着色した色とを組み合わせて天井などを華やかに装飾した。

▼木彫職人（タシケント）

ウズベキスタンの伝統工芸
操り人形と陶人形

▲目が特徴的なミリ・コゴルチャック人形
アンディジャンの人形工房

▲陶人形（土人形）のボボエチャ
タシケントのチョルスー・バザール（屋外）

ウズベキスタンの伝統工芸には、操り人形のミリ・コゴルチャックと陶人形のボボエチャの二つの代表的な人形がある。

●**操り人形**（ミリ・コゴルチャック）

中央アジアでは5世紀ごろから大衆の間で移動人形劇場が栄えていた。劇場は街頭で三人組が行い、一人の演者が両手を高くあげてカーテンを下げ、隠れた身体の上に指3本だけを出して操られた人形を動かす。その隣で一人が声を出し、もう一人が傍で楽器を演奏する。

ウズベキスタンは旧ソ連の一部になってから宗教の弾圧や、西側の娯楽の制限などがあり、移動人形劇場は衰退してしまうが、1991年のソ連解体によって独立国となり、再び伝統的な手工芸品の制作が盛んに行われるようになった。復活した人形劇はコゴルチャック・タマシャスと呼ばれ、頭は紙製、衣装はシルク製が多い。工房はヒヴァやブハラ、アンテイジャンで見ることができる。

●**陶人形**（ボボエチャ）

ボボエチャはおじいさんという意味である。陶製のスモール人形で、おじいさんの日常生活をモチーフにしている。おじいさんが主役なのは、ウズベク人の生活慣習である「マハッラ」のなかで、最も尊敬される長老たちに結び付くのかも。ボボエチャは表情豊かでウズベキスタンのお国柄がよく表現されている。素焼きなど、バラエティに富んだ種類があり、手土産に最適な品といえよう。

ウズベキスタン
未来を制する天然資源

　世界中がエネルギーの全般的な不足状況にあって、ウズベキスタンは全世界の将来に決定的な役割が果たせるほどエネルギー資源に恵まれている。ウズベキスタンはアムダリヤ（川）とシルダリヤ（川）の間に位置し、古くからシルクロードが東西に貫通していて、交易路はここに集中していた。今後のシルクロードは天然資源のルートとして欧州や中近東からアジア太平洋地域に至るまで、対外取引で交叉すると期待されている。中央アジアで中心的位置にあるウズベキスタンは、他に例を見ないほど天然資源が豊富で、最も裕福な保有国の一つなのである。この富の多くは未利用のまま眠っていて、世界の有力な企業や銀行は常に熱いまなざしを向けている。各種鉱床と鉱脈は2700を超え、鉱物の種類は100種に及ぶ。石油や天然ガス、ガスコンデンセートなどの有力資源は160カ所以上の鉱床が、貴金属鉱床が40カ所以上、非鉄金属、希少金属、放射性金属では40カ所、鉱物塩鉱床では15カ所が存在する。特に、金、ウラン、銅、天然ガス、タングステン、カリ塩、燐酸塩、カオリンのような重要鉱物の埋蔵量は世界でも上位にある。金の埋蔵量は世界第4位、採掘量で世界第7位、銅の埋蔵量では世界第10位、ウランでは第12位である。

　こうした天然資源は大きな鉱床に集中的に存在し、鉱物の有用成分の含有率が極めて高いことが特徴である。また、多くの鉱床が都市部に近いため、効果的な開発と、高い収益性を期待することができる。

　この美しい肥沃に富んだ国土に住むウズベキスタン人の生活は、それ相応な暮らしを保障し明るい未来が見えているのである。

▼羊がばく進する
キジルクム砂漠に豊富な天然資源が眠る

ウズベキスタンの基本情報

- **国名**　ウズベキスタン共和国
通称、ウズベキスタン
英語表記　Republic of Uzbekistan
通称、Uzbekistan

- **歴史**　① **古代から10世紀**

　ウズベキスタンの歴史は古く、サマルカンド地方に10万年前の人類の定住跡が発見された。古代より東西交易の中継地としてオアシス都市が栄える。紀元前329年にアレクサンダー大王が東方遠征でサマルカンドを攻略。紀元前139年漢の武帝が張騫を大月氏に派遣、大宛国（現フェルガナ盆地）にいたる。帰国後にシルクロード発展の契機となる。629年唐の玄奘三蔵がインドに向け出発。現在のウズベキスタンを通過する。8世紀にアラブの侵入で、イスラム化が浸透。10世紀にカラカルパクスタン人のチュルク（トルコ系）民族が進出し、チュルク語化（ウズベク語に影響）が進む。

② **モンゴル帝国からティムール朝**

　13世紀にチンギス・ハーンのモンゴル軍に破壊され甚大な被害を受けるが、14世紀に地元のティムールの広大な征服で大国に発展する。

③ **ウズベク3ハーン国**

　ティムール朝の衰退で、北から侵入してきたウズベク人が、ブハラ・ハーン国、ヒヴァ・ハーン国、コーカンド・ハーン国を樹立。

④ **ロシア帝国からソビエト連邦**

　19世紀にロシア帝国に征服され、ロシア革命後にソビエト連邦の共和国になり、ソビエト共産党の統治下で、ウズベク・ソビエト社会主義共和国となる。

- **独立**　1991年のソ連崩壊によってウズベク・ソビエト社会主義共和国からウズベキスタン共和国として独立。

- **国土**　中央アジアのカザフスタン、トルクメニスタン、タジキスタン、キルギスの4ヵ国すべてと国境を接し、南部はアフガニスタンとも国境を接する。

　ウズベキスタンは12州と1つの自治共和国（カラカルパクスタン共和国）、1つの特別市（タシケント）から構成されている。

- **面積**　全国土面積44万7400km²、日本の約1.2倍、世界55位。

- **人口**　3190万人（2017年、国連人口基金）、中央アジアでは1位。

- **国旗**　ウズベキスタンの国旗は青色・白色・緑色の3本の帯からなっている。

　青色の帯は晴天と純水を象徴し、かつてティムールも自軍の旗に用いた色である。

　この部分に三日月と12個の星が描かれているが、三日月はイスラムとウズベク人の伝統に基づく。12個の星は全土12州を象徴する。

白色は平和と純粋さの象徴であり、緑色は天恵の自然の象徴である。

各帯の間に細い赤色の帯が走るが、これは生命力を象徴する。

●**国章** 1992年7月2日に制定

国旗の青色・白色・緑色を基調にし、中央にフマ（空想の鳥で幸福、自由、愛を象徴）が翼を広げ、背後に大地から昇る朝日、左に主要農産物の綿花と、右に麦を配し、上にイスラムの象徴である月と星を描く。

●**首都** タシケント 人口279万人（2016年初時点）。

●**気候** 乾燥した内陸国で、気候は大陸性気候であり、夏は暑く、冬は寒い。降水量は少なく夏はほとんど雨が降らない。

●**時差** UTC+5、日本との時差は4時間。

●**民族** ウズベク人が全人口の83.8％、タジク人4.8％、カザフ人2.5％、ロシア人2.3％、カラカルパクスタン人2.5％、タタール人が1.2％など多くの民族が住む。

●**言語** 公用語のウズベク語が74.3％、ロシア語が14.2％　タジク語が4.4％その他（ブハラ語、カラカルパク語、カザフ語、キリギス語、クリミア・タタール語、高麗語）が7.1％。

●**宗教** イスラム教（スンニ派）が主要宗教で約90％がスンニ派、5％がロシア正教会、その他が5％。

イスラム教の実践は、衣食での戒律は穏やかで、女性は頭髪や足首を隠さない。

信教の自由な権利は保障されているが、認可されない宗教活動は禁止されている。

●**政治** 国家独立以来の国家元首イスラム・カリモフ大統領が2016年9月に逝去、同年12月にシャフカット・ミルジヨーエフ大統領が就任。首相はアブドゥラ・アリーポフ。

議会は二院制で任期が5年、定員150名の下院と定員100名の上院を計250名で構成。

●**軍事** 総兵力4万8000人、準兵力2万人、中央アジア最大の軍隊を持つ。

▼タシケントの気温と降水量（1981～2010年）

月	1月	2月	3月	4月	5月	6月	7月	8月	9月	10月	11月	12月	年平均
平均最高気温(℃)	6.8	9.4	15.2	22	27.5	33.4	35.7	34.7	29.3	21.8	14.9	8.8	21.6
日平均気温(℃)	1.9	3.9	9.4	15.5	20.5	25.8	27.8	26.2	20.6	13.9	8.5	3.5	14.8
平均最低気温(℃)	-1.5	0	4.8	9.8	13.7	18	19.7	18	12.9	7.8	4.1	0	8.9
降水量(mm)	53	64	69	61	41	14	4	1	6	24	44	59	(合計)440
平均降水日数(日)	13.7	12.3	13.8	12.9	10.2	5.1	2.9	1.9	3.2	8.1	10.2	12.8	(合計)107.1
湿度(％)	73	68	62	60	53	40	39	42	45	57	66	73	56

●**外交** ロシアと同盟関係条約を締結し、CIS諸国やアジア諸国、ヨーロッパ諸国、アメリカなどと友好関係を保つ。

日本とも官民両面で友好関係にあり、親日感情は極めて高い。

●**経済** ウズベキスタンの経済は力強い成長を続け、1998年～2003年は平均4％の経済成長率を達成し、以降は毎年6.8～9％を記録し、2015年のGDPが6.8％。

●**産業** 豊富な天然ガス関連の投資を多く受け入れ、好調な経済成長を遂げている。

天然ガスの生産量は世界第11位で毎年600～700億㎥を産出。

石炭埋蔵量は世界第10位。ウラン埋蔵量は世界第12位。

炭化水素の鉱山が194あり、この内98が天然ガス田で96が天然ガス。

綿花は世界第7位の生産国で輸出は世界第5位。

●**通貨** スム(Sum)。紙幣は5000、1000、500、200、100スム札があり、硬貨は500、100、50、25、10、5スムがある。2018年8月現在、1ドル＝7,803.79スム（ウズベキスタン共和国中央銀行）。

両替は空港、銀行、高級ホテルなどではぼ統一レート。日本円、米ドル、英ポンド、ユーロからの交換が可能。

●**教育** 学校制度は4・5・3・4制で、義務教育期間は7～18歳で、小中学校が1学年～9学年、高等学校が1学年～3学年の合計12年間である。大学は19～22歳で、大学院は23歳以上が一般的である。2010年の政府発表での識字率は100％になっている。

▲祭りの日の少女（ヒヴァ）

●**祝祭日** 1月1日元日、3月8日国際婦人デー、3月20日または21日春分の日ナウルーズ、5月9日戦勝記念日、9月1日独立記念日、10月1日教師の日、12月8日憲法記念日。

●**民族衣装** 男性は背広を着て、ドッピというムスリム（イスラム教）の帽子をかぶる。お祈りの時額を床に付けるため、つばがない。地方によって形やデザイン、色が異なる。冬はガウンのようなチョポンという上着を着て、ベルボックという鮮やかな色の帯で腰を結ぶ。

女性はもんぺに似たズボンをはき、その上に鮮やかなワンピースを着る。ワンピースや帽子には刺繍が入る。ムスリムの女性はルモール（スカーフ）をかぶって髪を隠すが、戒律は穏やかである。

●**宿泊** ウズベキスタンの宿泊事情は年々進歩していて、外国資本が入った高級ホテルから外国人観光客を対象にした中級ホテル、バックパーカーや現地人専用の安ホテル、それに、B＆Bと呼ばれる、伝統的な民家を改装したペンション風ミニホテルがある。

B&Bとは、ベッド&ブレックファストの意味で、基本的に朝食が付く。料金が安く追加で夕食も楽しめる。B&Bでは一泊10～30US$くらいで個人旅行者に適している。
●**電気と電圧** 220ボルト・50ヘルツ。プラグはヨーロッパCタイプ。

●**治安** 日本と同程度でかなり良い。人の混みあう場所ではスリや置引き、また近年観光客の増加でボラれることがあるので注意が必要。外出ではパスポートの携帯が義務づけられている。空港や駅、地下鉄、橋梁、軍事施設では撮影が禁止されている。

ウズベキスタンへの行き方

●**ビザ不要に** 2018年2月3日付ウズベキスタン共和国大統領令に基づき、2018年2月10日より、次の国籍の保有者については、入国日から30日間までの滞在に限り、ウズベキスタン査証が免除されることになった。
査証免除適用国＝日本、大韓民国、イスラエル、インドネシア共和国、マレーシア、シンガポール、トルコ

詳細はウズベキスタン共和国大使館まで問い合わせること。
駐日ウズベキスタン共和国大使館
領事部　03(6277)3442
〒108－0074
東京都港区高輪2丁目1－52

●**空路でウズベキスタンへ** 日本からのアクセスは航空機でタシケントが玄関口になる。ウズベキスタン航空は、成田空港から週2便の定期便がダイレクトにアクセスするが、冬期は運休するので、同航空に問い合わせること。大韓航空とアシアナ航空が仁川国際空港乗換でアクセスする。アエロフロート航空もモスクワ乗換でアクセスできる。ターキッシュ エアラインズもイスタンブール経由でアクセスが可能である。

●**ウズベキスタンの国内線** ウズベキスタン航空が国内線でタシケントからウルゲンチ、サマルカンド、フェルガナ、アンディジャン、ナマンガン、テルメズ、ヌクス、ブハラ便をもつ。

◀成田～タシケント間を飛ぶウズベキスタン国営航空

ウズベキスタン航空
03(5157)0722
〒105-0001
東京都港区虎ノ門1丁目8-13
虎ノ門上野ビル2F

▶ティムール広場を散策する留学中の女子大生（タシケント）

● **ウズベキスタンの鉄道** 2011年10月8日から運行が開始されたタシケント・サマルカンド間の高速鉄道を、高速列車「アフラシャブ号（Afrosiyob）」が所要2時間8分で結ぶ。客車8両と食堂車1両からなり、客席の等級は3段階ある。アフラシャブは13世紀にチンギス・ハーンに破壊された旧市街のアフラシャブの丘に由来する。

他に、特急列車「レギスタン号（Registon）」が同区間を3時間50分で結び、「シャルク号（Sharq）」がタシケントからサマルカンドを経由してブハラまで7時間50分で結ぶ。エアコン付きの1等と2等車があり食堂車もついている。

ウズベキスタン鉄道公式サイト
http://www.uzrailway.uz

● **タシケントの地下鉄** 中央アジアで最初の地下鉄として1977年に開業した。3路線が走り、駅は全部で29あり、1日の乗客数は平均20万人。各駅の建築様式と装飾はその駅名を表現しているといわれ、設計に有名な建築家や芸術家が参加している。路線はチランザール（Chilonzor）線が15.4kmで12駅、ウズベキスタン（Uzbekiston）線が14.3kmで11駅、ユニサバード（Yunusobod）線が6.4kmで6駅である。他に路線の延長計画や新路線計画がある。写真撮影は可能に。

● **タクシーで移動** 国内線やバスターミナルで声をかけてくるのが個人タクシー。タシケントからサマルカンド、ブハラからサマルカンドなど長距離もOK。寄り道や、また出発地に戻ることも可能。料金（メーターなし）は交渉によるので、乗る前にしっかり交渉してトラブルを防ぐ。料金は日本と比較ができないほど安い。ホテルやB&Bでも手配してくれる。

● **バスの移動** 長距離路線による移動はバスターミナルからの乗車がよい。あらかじめ出向いて確認をしてから、窓口で切符を買う。途中乗車の時は直接運転手に料金を支払う。料金はかなり安い。民営バスや乗り合いタクシーは、乗客が集まり次第発車する。料金は最も安い。

● **両替** タシケントの空港や銀行、ホテルの両替所では日本円からウズベキスタン通貨に両替できる。それ以外の町では日本円の両替ができないところがある。ただしUS＄ならOKなので、米ドルがあると便利。また、US＄で買い物ができるところも多い。

ウズベキスタン歴史年表

年代	中央アジアの出来事
10万年前	サマルカンド地方で推定10万年前の人類住居跡発見
紀元前6000年	中央アジアに農耕集落形成
紀元前20C	アムダリヤ(川)の流れがカピス海からアラル海に変わる
紀元前12C	遊牧民の活動が活溌になる
紀元前8C	スキタイ系遊牧民が中央アジアを支配
紀元前545	アケメネス朝ペルシャが中央アジア侵入
紀元前329	アレクサンダー大王がサマルカンドを攻略
紀元前255	バクトリア王国が現在のウズベキスタンに王朝を設立
紀元前139	漢の張騫が大月氏に向け出発。フェルナガ(大宛国)に至る
45	バクトリアにクシャン朝成立。ソグド人を通じて仏教が広がる
230	ササン朝ペルシャ、バクトリアに侵入。ソグド人が活躍
5C	匈奴が中央アジアに遊牧国家エフタル(484～556年)を興す
567	突厥がエフタルを滅ぼす
629	唐の玄奘がインドに向け出発。ウズベキスタンを通過
654	アラブ軍がソグディアナ(現在の中部地方)を略奪
751	タラス河畔で唐軍がアラブ軍に敗れる。製紙法が伝わる
874	初のイスラム・サマン朝が成立。ブハラがイスラム教の中心地に
999	トルコ系カラハン朝がサマン朝を滅ぼす。中央アジアにイスラム化が浸透
1206	チンギス・ハーンがモンゴル大帝国を建設
1219	チンギス・ハーンの西征始まる。翌年、ブハラ、サマルカンド崩壊
14C	ウズベク族、カザフステップから南下
1370	ティムールがサマルカンドをティムール帝国(～1500年)の首都に定める
1405	ティムールが中国遠征途上死亡
1512	ホラズムがヒヴァ・ハーン国(～1920年)として独立
1599	シャイバニ朝滅亡。アストラ・ハーン朝がブハラ・ハーン国(～1920年)を建国
1740	ペルシャのナデイル・シャーが一時ウズベキスタンを支配
1753	フェルナガにコーカンド・ハーン国建国(～1876年)
1865	帝政ロシア軍がタシケントを支配
1867	コーカンド・ハーン国がロシア帝国の支配下に
1868	ブハラ・ハーン国、ロシア帝国の支配下に
1873	ヒヴァ・ハーン国陥落
1918	ロシアに社会主義政権誕生。以後、中央アジアにも共産政権成立
1924	ウズベク・ソビエト社会主義共和国成立
1927	アラビア文字の廃止とラテン文字の導入
1986	ソ連のペレストロイカにともない中央アジアで民族紛争続発
1991	ソ連解体。中央アジア各国独立。ウズベキスタン共和国成立
2016	国家独立からのカリモフ大統領逝去、ミルジヨーエフ大統領就任

あとがき

　1991年ソ連解体と共にウズベキスタン共和国が成立し、観光立国を目指してシルクロードに関わる豊富な歴史的建造物を修復。私は1998年の作業完了を待ってウズベキスタン政府の応援で撮影取材をし、2000年に『ウズベキスタン　シルクロードのオアシス』(東方出版)を出版。2008年からアナログをデジタルカメラに切り替え、ウズベキスタン全土にエリアを拡大して再挑戦した。現地ガイドに恵まれ、特に行動力や交渉力に優れた若き青年Farmon Babadjanov氏(サマルカンド在住)とフェルガナ州に精通し各地の案内役となった「NORIKO学級」校長Ganisher Nazirov氏(リシタン在住)、同学級を日本で支援活動を続ける「リシタン　ジャパンセンター」事務局長の寺尾千之氏に深く謝意を申し上げる。また、ウズベキスタンとの関わりを導いてくださった駐日ウズベキスタン共和国大使館に感謝を申し上げる。更に、当出版を快く引き受けて下さった彩流社代表取締役　竹内淳夫氏、編集　出口綾子氏、デザイナー渡辺将史氏にも心からお礼を申し上げる。

● 参考文献

『中央アジアの歴史』間野英二著　講談社現代新書
『熱砂の中央アジア』
加藤九祚　加藤久晴著　日本テレビ
『シルクロード』岩村 忍著　NHKブックス
『シルクロード紀行(下)』井上 靖著　岩波書店
『中央アジア歴史群像』加藤九祚著　岩波新書
『シルクロード歴史地図の歩き方』
吉村 貴著　長澤和俊監修　青春出版社
『ユーラシア文明の旅』加藤九祚著　新潮選書
『歴史公論・シルクロードと日本
　通巻37号』雄山閣
『偉大なるシルクロードの遺産』キュレイターズ
『21世紀に向かうウズベキスタン』
イスラム・カリモフ著　日本ウズベキスタン経済委員会

※本書中の情報は2018年10月現在のものです。その後更新される可能性もあります。

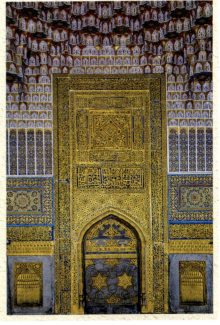

▶サマルカンド　ティラカリ・マドラサ内の黄金にきらめくソヒロブ(祈る場所)

【著者略歴】

萩野矢 慶記●はぎのや・けいき

1938年栃木県生まれ。専修大学卒。「子ども」や海外紀行写真に魅せられ58ヵ国撮影取材。
写真集、写真展、雑誌、カレンダー、広告などで多くの作品を発表。

主な個展に『街から消えた子どもの遊び』『ギリシャ夢紀行』
『ウズベキスタン シルクロードのオアシス』『カッパドキア』、
また中国上海市で外国人初の個展『東京の子どもたち』など多数。

主書に『エーゲ海だより』『雲南25の少数民族』『ネパール微笑みの風』『バリ楽園紀行』
『タクラマカン シルクロードのオアシス』など多数。

近著に『江戸東京四季の花を撮ろう』(日本カメラ社)、『街にあふれた子どもの遊び』(彩流社)がある。
日本写真家協会、日本写真協会、日本旅行作家協会　各会員。

ウズベキスタン・ガイド シルクロードの青いきらめき

2016年5月16日 初版第1刷発行
2024年11月28日 初版第4刷発行

著　者●萩野矢 慶記
発行者●河野和憲
発行所●株式会社彩流社
　　　〒101-0051 千代田区神田神保町3-10 大行ビル6階
　　　電 話 03-3234-5931
　　　FAX 03-3234-5932
　　　https://www.sairyusha.co.jp/

編集●出口綾子
装幀・デザイン●渡辺将史
印刷●モリモト印刷株式会社
製本●株式会社難波製本

©Haginoya Keiki, 2016
Printed in Japan　ISBN978-4-7791-2222-4 C0026

定価はカバーに表示してあります。乱丁・落丁本はお取り替えいたします。
本書は日本出版著作権協会(JPCA)が委託管理する著作物です。
複写(コピー)・複製、その他著作物の利用については、
事前に JPCA(電話03-3812-9424、e-mail : info@jpca.jp.net)の許諾を得て下さい。
なお、無断でのコピー・スキャン・デジタル化等の複製は
著作権法上での例外を除き、著作権法違反となります。